어린 완벽주의자들

어린 완벽주의자들

대한민국 최상위권 학생들은
왜 행복하지 못한가?

장형주 지음

지식프레임

Prologue
프 롤 로 그

나는 항상 말 잘 듣는 아이였다. 어린 시절에는 스스로 자유로운 영혼이라 생각했지만, 돌이켜보면 언제나 착한 아이였다. 나의 어머니는 여느 강남 엄마들과 달리 무엇을 하라고 강요하지 않는 분이셨지만, '해서는 안 되는 일'에 대해서는 결코 타협이 없었다. 그렇게 나는 규제 속의 소소한 자유를 누리며 유년 시절을 보냈다.

고등학교는 대치동에서 다녔는데 지금과 마찬가지로 치맛바람이 거셌다. 친구들은 학교를 어슬렁거리다 종이 치면 서둘러 학원으로 갔고, 자정 즈음 학원 앞은 자녀의 공부할 에너지가 걷는 데 낭비되는 것을 조금도 허용치 않으려는 부모님들의 차로 북적였다. 학교생활은 비교적 순탄했다. 그도 그럴 것이 우리 학교에는 그 흔한 왕따도 없었다. 혹자는 '교양 있는 동네'이기 때문이라 할지 모르나 내가 보기에는 학생들이 학원에서 모든 열정을 폭발시키기 위해 학교에서는 반수면 상태로 지낸 덕이었다.

성적은 상위권이었는데, 학원을 다니지 않고 혼자 공부했다는 점에서 다른 학생들과 차별점이 있었다. 대신 학교에서만큼은 선생님 말씀을 무척 잘 들어 예쁨을 받는, 교무실에서 교사용 문제집을 받아와 친구들이 볼까 조심스레 푸는, 그런 전형적인 모범생이었다. 인생에는 정답이 있다고 믿었고, 지금은 힘들지만 대학에 가면 신나게 놀 수 있다는 선생님 말씀에 추호의 의심도 갖지 않았다.

그렇게 진학한 의과대학은 과연 선생님 말씀대로 신나는 곳이었다. 19살까지 공부를 너무 많이 했다는 생각에 대학에서는 공부에 크게 신경 쓰지 않았다. 성적은 중하위권이었는데, '고등학교 때 전교 1, 2등 하던 아이가 자존심에 상처를 입지 않을까' 하는 부모님의 우려와 달리 성적에 마음이 쓰인 적은 한 번도 없었다. 적당히 공부하고 열심히 노는, 그리고 연애에 목을 매는 평범한 대학생이었다. 그런데 언제부턴가 왠지 모를 답답함이 느껴졌다. 가슴팍이 꽉 막힌 것 같은 느낌이 심해질 무렵, 나는 학교생활에 흥미를 잃었다.

친구들은 모이면 항상 '나중' 이야기를 했다.

"나중에 실습에서 좋은 성적을 받으려면 이렇게 해야 한다더라. 나중에 원하는 과에 지원하려면 이것이 중요하다더라."

우리는 다음 단계로 올라가기 위한 준비에만 집중했다. 현재는 미래를 위한 예비고사 같았고, 지금은 언제나 본 게임이 아니었다. 세상이 건네는 '젊음'이라는 선물이 부담스러워 연신 손사래를 치며 "넣어두세요. 넣어두세요."를 외치는 꼴이었다.

모두가 그렇다면 교육의 문제라 생각했다. 당돌하게도 의학교육학을 전공하신 교수님을 찾아가 "우리 학교 교육에 문제가 있는 것 같습니다"라고 말했다. 선생님의 말씀이 진리라 믿었던 고등학교 시절을 생각하면 참으로 극적인 변신이었다. 다행히 교수님이 어린 학생의 치기를 높게 사주셨고, 그분의 도움으로 의대생의 심리적 특성에 관한 작은 조사연구도 시행해볼 수 있었다.

졸업 후 인턴 수련을 마치고 정신과를 지원했다. 내가 레지던트 시절이던 2011년 정신건강의학과로 명칭이 변경되었으니, 나는 정신과로 들어가서 정신건강의학과로 나온 셈이다. 평범한 레지던트 시절을 보내다 수련 과정이 끝나갈 때쯤 의학교육자라는 꿈이 다시 떠올랐다. 참 특이한 녀석이라는, 칭찬인 듯 칭찬 아닌 칭찬을 받으며 의학교육학 박사과정에 진학했고, 많은 분들의 도움으로 순탄하게 박사학위를 취득할 수 있었다.

박사과정과는 별개로 의과대학에서 학생들을 상담하는 일을 시작하게 되었다. 마침 의대에서 학생상담센터를 만들고 있었는데, 정신과 의사이자 의학교육학 전공자인 내가 적임자로 선정된 것이다. 대학 전체 차원의 학생상담센터가 이미 존재했지만 다른 단과대와 지리적으로 떨어져 있는 의대 특성상 학생들의 이용률이 미미했다.

　　의대 상담센터가 개소하자 많은 학생들이 찾아왔다. 다른 의과대학의 사례를 참고하여 연간 상담 수요를 50~100건으로 예상했으나, 막상 뚜껑을 열어보니 한 해 200건 가까운 상담이 진행되었다. 우리 학교에 유독 수요가 많다기보다는 방과 후 시간에 맞춰 상시 상담을 진행한 '접근성 향상 전략'이 주효했는데, 그만큼 많은 학교 현장에서 도움이 필요한 학생들이 방치되고 있다는 반증이기도 했다. 학생마다 상담 횟수는 제각각이었다. 한두 번의 상담으로 답을 얻고 돌아가는 학생들도 있었지만 대부분은 일주일에 한 번씩 꾸준히 상담을 받았다. 길게는 100회가 넘게 상담실을 찾는 학생도 있었다.

　　학생들은 저마다의 이유로 상담실을 찾았는데 크게 두 부류로 나눌 수 있었다. 가정불화나 경제적 어려움 등 명확한 스트레스 요인이 있는 경우와 특별히 힘든 일이 없는데도 반복적으로 불안이나 무기력감을 느끼는 경우였다. 전자는 증상에 초점을 맞춘

치료로 충분했지만, 후자의 경우 반복적인 고통을 유발하는 심리적 특성, 즉 정신병리psychopathology를 찾는 것이 무엇보다 중요했다. 관찰 결과, 학생들의 심리에는 뭔가 공통점이 있었다. 너무나도 유명한 소설 《안나 카레니나》의 첫 문장을 변주하자면, 행복한 학생들은 저마다의 이유로 행복했지만 불행한 학생들은 비슷한 이유로 불행했다.

오래지 않아 학생들을 괴롭히는 녀석의 정체가 완벽주의라는 이름의 강박임을 알게 되었다. 완벽주의 성향은 상담실을 찾는 학생들뿐 아니라 별다른 문제없이 지내는 학생들에게서도 어렵지 않게 발견할 수 있었는데, 나중에는 '완벽주의가 의대의 풍토병이 아닐까?' 하는 의심이 들 정도였다.

외국에는 '의대생의 완벽주의'에 관한 연구결과가 많이 보고되어 있었으나 국내에는 참고할 만한 문헌이 드물었다. 해외 자료들을 분석하여 우리 실정에 맞춘 나름의 치료법을 개발하였고, 실제로 많은 학생들에게 적용해보았다. 치료는 분명히 효과가 있었다. 어려운 과정이었지만, 학생들은 조금씩 변해갔다.

의대생 상담에서 얻은 경험을 의학계 내부에서 공유하는 데 그치지 않고 대중서로 펴낸 이유는 완벽주의가 대한민국을 살아가는 모든 젊은이들의 문제라고 느꼈기 때문이다. 지금 우리는 그 어느 때보다 치열한 경쟁 속에 살고 있다. 입시와 취업이라는 전쟁 앞에 유치원생부터 대학생까지 모두가 싸움터로 내몰린다. 초등학생이 고3 수험생처럼 공부해야 하고, 대기업에 들어가려면 학점, 수상실적, 봉사활동, 사회참여, 심지어 외모까지 완벽해야 한다. 세상은 젊은이들에게 그것이 기본이라 말한다. 완벽주의는 결핍감을 낳고, 결핍감은 우울과 무기력으로 이어진다.

"사회가 요구하는 자격을 갖추려 쉼 없이 노력했고 적지 않은 결과물도 얻었다. 그런데도 여전히 행복하지 못한 이유는 뭘까?"

대한민국을 살아가는 젊은이라면 한번쯤 스스로에게 해봤을 질문이다. 결론부터 말하면, 당신의 불행은 당신 탓이 아니다. 사회가 당신에게 완벽을 요구하고 있기 때문이다. 완벽주의란 바닷물을 마시는 것과 같다. 마실수록 갈증이 심해질 뿐이다. 아쉽지만, 세상은 쉽게 변하지 않을 것이다. 세상을 바라보는 나의 시선을 바꿔야 한다.

이 책은 현대인의 병인 완벽주의를 심층적으로 분석하고 그 해결책을 제시하고자 한다. 각 챕터는 완벽주의의 개념, 원인, 증상, 치료법을 설명하는 데 할애되었고, 심리학이나 의학 전공자가 아닌 독자들도 쉽게 이해할 수 있도록 쉬운 용어와 풍부한 예시를 사용하였다.

마지막으로 한 가지 고해성사를 덧붙이면, 나는 학생들을 상담하기 전까지 내 자신이 완벽주의자라는 사실을 전혀 모르고 살았다. 간혹 우울하고 불안했으며 때때로 무기력했지만, 단지 생각이 많고 게으른 천성 탓이라 여겼다. 내가 학생들의 문제를 빨리 발견할 수 있었던 비결이 있다면, 아마도 그것이 오랫동안 내가 앓아온 병이기 때문일 것이다. 학생들을 치료한다는 명목으로 상담실에 앉아 있었지만 사실 치유되는 것은 나 자신이었다.

그럼에도 아직 나조차 완벽주의에서 벗어나지 못했음을 고백한다. 우습게 들리겠지만, 나는 완벽주의 극복법을 소개하는 이 책을 쓰는 내내 완벽하게 써야 한다는 강박에 시달렸다. 앞으로도 오랜 치료가 필요할 것 같다.

이 책의 진정한 저자는 자신의 상처를 드러내는 용기와 힘든 변화를 견디는 인내를 몸소 보여준 우리 학생들이다. 그들에게 존경과 감사를 담아 이 책을 바친다. 전쟁 같은 삶 속에서도 마음의 건강을 지키고자 노력하는 대한민국의 모든 학생들, 그리고 학부모와 교사들에게 이 책이 작은 도움이나마 된다면 더 바랄 것이 없다.

지은이 장형주

Contents

Chapter 3
완벽주의자, 그들이 사는 세상

Chapter 4
완벽주의를 극복하는 완벽한 방법

Chapter 1
나를 괴롭히는 강박, 완벽주의

나는
문제투성이

●

　"문제가 너무 많아서 어디서부터 이야기해야 할지 모르겠어요."

　상담실을 찾는 수많은 학생들이 심각한 얼굴로 의자에 앉아 처음으로 내뱉는 말이다.

　처음 이 말을 들었을 때는 적잖이 당황했다. 병원에서 일할 때 내가 봐왔던 환자들은 대부분 자신의 문제를 감추거나 축소하려 했기 때문이다. 가벼운 불면이나 스트레스 때문에 병원에 왔다고 말하다가 시간이 지나면 심각한 우울증이나 자살 계획을 털어놓는 경우도 많았고, 본인이 끝까지 이야기하지 않는 문제를 가족의 입을 통해 듣는 일도 흔했다.

그런데 상담센터에서 만난 학생들은 채 안면을 익히기도 전에 자신에게 큰 문제가 있다는 말로 나를 당황하게 만들었다. 그럴 때면 나는 '도대체 무슨 이야기를 하려고 이렇게 분위기를 잡을까?' 잔뜩 긴장한 채 학생들의 말에 귀를 기울이곤 했다. 그런데 아무리 기다려도 '심각한 문제'가 나오지 않는 것이었다. 학생들이 말하는 문제란 "공부할 때 이해가 안 되는 부분이 많아요. 도서관에서 오래 집중하지 못하고 스마트폰을 자주 봐요. 동기들 중에 친한 사람이 많지 않은 것 같아요."처럼 지극히 정상적인 것들이었다. 전공 공부 중 이해가 안 되는 부분이 있고, 동기들 중 일부와만 친한 것은 아무리 생각해도 평범한 대학생활 같은데 왜 고민하는 것일까? 솔직히 이해가 되지 않았다.

벌써 젊은이들의 고민을 폄하하는 꼰대가 된 것일까 자책도 해보고, 내가 신뢰를 주지 못해서 깊은 이야기를 하지 않는 것은 아닐까 고민도 해봤지만 답을 얻지 못했다. 한번은 학생의 이야기를 듣다 용기를 내어 물어보았다. "그런데 학생이 고민하는 부분이 무엇인지 좀 더 자세히 이야기해주면 좋을 것 같네요." 꼰대처럼 보이지 않으려 최대한 온화하게 물었지만 "지금까지 내가 한 말을 뭘로 들었냐"는 듯한 학생의 표정에 금세 꼬리를 내리고 말았다.

역시 답은 학생들의 말 속에 있었다. 학생들은 정말 자신의 문제로 고민하고 있었고, 또한 절박하게 해결책을 찾고 있었다. 내 경험으로 재단하지 않고 학생들의 말을 끝까지 들으려 노력하자 조금씩 그들의 마음이 보이기 시작했다. 학생들과의 오랜 대화를 통해 내가 얻은 깨달음은 다음과 같다.

"학생들은 문제가 없다. 그들의 유일한 문제는 자신이 문제가 있다고 생각하는 것이다."

문제는 '문제없음'의 기준이 너무 높다는 것

—

"대학에 들어와서 동기들과 잘 지내야 한다는 말을 많이 들었어요. 그래서 친구들에게 먼저 다가가려고 노력했어요. 말도 먼저 걸어봤고, 개강 초 술자리에도 빠짐없이 참석했어요. 다행히 지금은 어울리는 무리도 생기고, 동기들 대부분과 잘 지낸다고 생각하는데, 아직도 복도에서 마주치면 뻘쭘한 친구들이 있어요. 먼저 인사하기도 그렇고 특별히 할 말도 없고……."

입학한 지 채 석 달이 지나지 않은 신입생이 찾아와 털어놓은 고민이다. 학생의 표정과 말투에 그간의 고민이 묻어나와 들는 내내 안타까웠지만 쉽사리 동조할 수는 없었다. 학생이 나에게 원한 것은 '대인관계를 더 잘할 수 있는 방법'이었다. 그렇지만 나는 "나머지 친구들과 친해질 수 있는 전략을 같이 수립해볼까요?"라고 말할 수 없었다. 그런 충고는 괴로움을 악화시킬 뿐이기 때문이다. 대신 "모든 친구들과 잘 지내려는 생각을 버리는 것이 어떨까요?"라고 이야기했다. 학생은 대답 대신 어색하게 웃어보였는데, "그런 뻔한 얘기 들으러 온 것이 아니다"는 메시지는 분명히 느낄 수 있었다.

이 사례는 학생 상담을 시작한 지 얼마 안 되었을 때 일로 나에게는 뼈아픈 공감 실패의 경험이다. 지금은 절대 학생들에게 어떤 생각을 버리라고 말하지 않는다. 상담 의사는 학생이 자신의 마음을 더 잘 들여다볼 수 있게 비춰주는 거울일 뿐, 무엇을 버릴지 말지는 전적으로 학생이 선택할 몫이기 때문이다.

사실 막 상담센터를 열었을 때는 심각한 병을 가진 학생들이 찾아올 거라 생각했다. 그래서 이런 소소한 고민은 빨리 처리하려 했다. 하지만 지금도 이런 고민으로 상담실을 찾는 학생들이 많다. 아니 대다수다. 학생들은 그대로지만, 이들을 대하는 내 태도는 달라졌다. 학생들의 고민은 소소하지 않으며, 그 고통은 결코 가볍지 않다. 더 위중한 환자를 보기 위해 빨리 처리해야 하는 대상이 아닌, 내가 반드시 도와줘야 할 소중한 학생들이다.

학생들을 돕기 위해서는 그들이 세상을 바라보는 관점을 이해해야 한다. 처음 언급한 학생의 사례로 돌아가보자.

먼저, 우리 학교 의대 정원은 120명이다. 학생이 자신의 교우관계에 문제가 있다고 생각한 이유는 동기 120명 모두와 밝게 인사하지 못했기 때문이다. "동기 대부분과 잘 지낸다"는 진술만으로도 이미 대인관계의 달인이라 부르고 싶을 정도로 훌륭한데, 학생 스스로는 완벽하지 못하다고 느끼는 것이다. 물론 모두와 편하게 지내는 것이 불가능하지는 않다. 그것을 목표로 한다면 먼저 인사도 하고 말도 붙여보면 된다. 그러나 그렇게 하지 못한대도 조금 아쉬울 뿐 큰 문제는 아니다.

일상적인 고민이 심각한 문제로 변모하는 과정에는 학생 개인이 갖고 있는 신념이 중요한 역할을 한다. 문제가 아닐 수 있는 것이 문제가 되는 것은 '문제없음'에 대한 기준이 지나치게 높기 때문이다. 학생들이 말하는 정상적인 대학생활이란 전공과목을 빠짐없이 이해하고, 한번 도서관에 앉으면 몇 시간씩 집중력을 발휘하며, 동기들 모두와 반갑게 인사하는 것이다. 그것이 '기본'이기 때문에 그렇지 못한 자신이 고통받는 것은 당연하다.

완벽주의라는 마음의 병

학생들의 마음에는 완벽주의가 자리 잡고 있다. 완벽주의란 보다 완벽한 상태가 존재한다고 믿는 신념이며, 그 상태에 도달하기 위해 끊임없이 노력하는 삶의 태도다. 완벽주의자는 스스로에게 높은 기준을 부여하고 성취감을 얻기 위해 전력투구하며, 궁극적으로는 인생의 질서와 정돈을 얻고자 한다.

완벽주의자는 존재하지 않는 것을 갖고자 한다는 점에서 예정된 실패자다. 불행의 씨앗을 품고 살기 때문에 항상 초조하고, 때때로 우울하다. 스스로에게 높은 이상을 강요하고 부족함을 나무라기 때문에 도저히 자신을 사랑할 수 없다.

사실 의대생 중에는 남부럽지 않은 삶을 살아온 학생들이 많다. 소위 말하는 금수저, 은수저들도 많고, 공부를 잘하다 보니 어디서나 주목받으며 자라왔다. 공부량이나 시험의 압박이 심하긴 하지만 다른 대학생들이 고민하는 스펙 쌓기와 취업 경쟁에서 비교적 자유롭고, 미팅이나 소개팅을 나가도 의대생이라는 타이틀 덕에 가산점을 받는다.

그럼에도 많은 학생들이 이유 모를 자기비하에 시달린다. '자뻑 성향'이 강할 거라는 세간의 오해와는 달리 대부분 의대생들은 겸손이 지나쳐 자신을 무시하는 듯 보인다. 물론 상담실을 찾는 학생들의 특징을 전체 학생들에게 적용하는 것은 섣부른 '일반화의 오류'일 수 있다. 나 역시 처음에는 완벽주의가 심리 문제를 겪는 학생들, 그중에도 일부에서만 발견되는 성향이라 생각했다. 그런데 일반적인 학생들과 대화를 해봐도 그들의 마음속에 완벽주의가 깊이 자리 잡고 있다는 인상을 지울 수가 없었다.

우리 학교 상담센터는 학생의 신청이 있을 경우 진행하는 심층상담뿐 아니라, 재학생 전원을 일대일로 상담하는 전체상담 프로그램도 운영하고 있다. 전체상담은 학업 스트레스가 극에 달하는 의학과 1학년 1학기에 학생별로 15분씩 시간을 배정해 진행한다. 원치 않으면 불참해도 무방하지만, 대부분의 학생들이 좋은 기회라 생각하여 자발적으로 참여한다. 전문적인 상담보다는 마음속 이야기를 털어놓을 수 있는 수다의 장을 마련하는 것을 목적으로 하기 때문에 전체상담은 매우 편한 분위기에서 진행된다. 학생들은 일상적인 고민을 털어놓기도 하고 학교에 대한 불만을 성토하기도 한다.

내 경험상, 전체상담은 대부분 큰 굴곡 없이 진행된다. 그런데 학생들에게 마지막으로 하고 싶은 말이 없는지 물으면 "별다른 문제는 없는데, 그렇다고 제가 학교생활을 잘하고 있는 건지는 모르겠네요"라고 답하는 경우가 많았다. 웃으며 상담을 끝내도 왠지 모를 찜찜함이 남았다. 그 이유는 심층상담을 진행할 때와 크게 다르지 않았다. '확실히 잘하는 게 아니면 잘 못하는 것일 수도 있다'는 생각이 문제였다. 정도의 차이가 있을 뿐 대부분의 의대생들은 완벽주의 성향을 갖고 있었다.

의대의 풍토병?
어쩌면 우리 모두의 병

●

　의대생은 공부에 있어서만큼은 대한민국 최상위권 학생들이다. 남부끄럽지 않게 노력했고 나름대로 정점도 찍어봤다. 그러나 꿈에 그리던 의대에 입학한 후에도 쉽사리 만족감을 얻지 못한다. 아무리 노력해도 채워지지 않는, 뭔가 더 해야 할 것만 같은 느낌이 남는다. 손에 닿을 것 같던 행복은 또다시 저만치 멀어져 있다.

　완벽주의 성향을 가진 학생들이 의대에 많이 오는 것은 확실하지만, 분명 의대의 독특한 교육과정이나 분위기가 학생들의 완벽주의를 부추기는 면이 있다. 이해를 돕기 위해 의대 커리큘럼을 간략히 소개하면, 의과대학은 기본적으로 6년제이며 흔히 '예과'라 부르는 의예과 2년과 '본과'라 부르는 의학과 4년으로 이루어진다. 의학전문대학원의 경우 고교 졸업자를 받는 의과대학과 달리 타 전공 학사학위 취득자를 대상으로 하는데, 예과 2년이 생략될 뿐 교육과정은 본과 4년과 동일하다. 현재는 대부분의 대학에서 의학전문대학원 제도를 폐지하는 추세이기 때문에 여기서는 6년제 학부과정을 기준으로 설명하고자 한다.

먼저 예과 2년은 생물학, 화학, 통계, 영어 등 의학 공부에 기초가 되는 과목들을 배우는 시기로, 다른 과 학생들과 마찬가지로 전공과목과 교양과목이 섞인 시간표에 따라 건물을 옮겨가며 수업을 듣는다. 그러나 본과에 진입하면 의학 관련 과목만 수강하게 되는데, 한 학년 전체가 아침부터 저녁까지 한 교실에 앉아 수업을 듣는다. 학생들은 교실에 있고 교수님들이 돌아가며 들어온다는 점에서 흡사 고등학교와 같다.

본과 1, 2학년 동안 고등학생 같은 생활을 하고 나면, 3학년부터 임상실습 과정에 진입한다. 실습은 무작위로 뽑힌 조별로, 보통 3~5명씩 병원의 각 임상과를 돌며 교수님이나 레지던트들에게 현장 교육을 받는다. 의사 가운을 입고 병원으로 출근하기 때문에 나름대로 사회인 기분을 낼 수 있지만, 의사도 학생도 아닌 애매한 신분 탓에 여기저기 치이는 경우가 많다. 4학년 1학기까지 실습교육을 받고 나면 마지막 학기에는 의사 국가고시를 준비한다. 의사고시는 필기와 실기로 이루어지는데, 실기시험은 학생들끼리 스터디모임을 만들어 준비하는 경우가 많다. 두 가지 시험에 모두 합격하면 비로소 꿈에 그리던 의사면허증을 손에 쥐게 된다.

의사가 된다고 바로 전문가로 활동하는 것은 아니다. 요즘은 전문의 자격을 따는 것이 기본으로 인식되기 때문에 거의 대부분의 학생들이 졸업 후 인턴, 레지던트 과정을 밟는다. 인턴은 병원 내에서 고정된 소속 없이 여러 과를 돌며 기초적인 진료 업무를 수행하는 의사로, 기간은 1년이다. 인턴을 마치면 전공의 시험을 보고 성적에 따라 원하는 과에 지원할 수 있다. 자신이 원하는 과에 합격하면 4년 동안 해당과 레지던트로 일한다. 수련이 끝날 때 전문의 시험을 보는데, 이에 합격하면 'ㅇㅇ과 전문의'라는 자격증을 얻을 수 있다.

인턴, 레지던트는 사회인이면서 학생이기도 한 중간자적 위치에 있다. 졸업 후 모교 병원으로 가는 경우가 많기 때문에 레지던트 때도 학부 시절부터 봐왔던 동기나 선후배들과 같이 일하고 학생 시절 수업을 들었던 교수님의 지도를 받는다. 그래선지 전문의가 돼야 진짜 졸업한 것 같은 느낌이 든다고 말하는 사람들이 많다. 결국 학생티를 완전히 벗는 데 11년이 걸리는 셈인데, 실제로 학생상담센터에는 졸업 후 인턴, 레지던트로 일하면서도 계속 찾아오는 학생들이 적지 않다.

학업 스트레스, 추락할 수 있다는 두려움

의대 생활은 스트레스가 많은 것으로 잘 알려져 있는데, 크게 학업과 대인관계 요인으로 나눌 수 있다.

기본적으로 외울 게 많고 시험이 잦은 것도 사실이지만, 학업 면에서 가장 큰 스트레스는 의대의 독특한 유급제도다. 보통 대학생들은 필수과목에서 F를 받으면 다른 학기 혹은 방학 중 계절학기에 재수강을 한다. 취업 경쟁이 치열한 요즘에는 좋은 성적을 남기기 위해 C나 D를 받을 것 같으면 일부러 F를 받아 재수강을 하는 경우도 많다. 그런데 의대는 1년 단위로 시간표가 짜여 빽빽하게 돌아가기 때문에 F를 받은 과목만 다른 학기에 재수강하는 것이 불가능하다. 물론 계절학기도 없다. 결국 한 과목만 낙제해도 해당 학년을 다시 다녀야 한다는 말이 된다. 학교에 따라 모든 과목을 다시 들어야 하는 경우도 있고 해당 과목만 이수하면 되는 경우도 있지만, 결국 졸업이 1년 늦어진다는 점에서는 차이가 없다. 본과 1학년 때 한 과목에서라도 낙제하면 2학년으로 올라갈 수 없으며, 2학년에서 낙제하면 동기들이 의사 가운을 입고 병원으로 실습 나갈 때 자신만 다시 2학년을 시작해야 한다. 만약 예과 때 낙제하면 아예 본과 진입이 불가능한데, 이를 비공식 용어로 '예3'이라 부른다.

사실 유급이 그리 쉬운 것은 아니다. 유급자가 한 명도 나오지 않는 해도 많고, 많다고 해도 보통 5%를 넘기지 않는다. 그러나 그게 본인이 된다면 이야기가 전혀 다르다. 한 번 배운 것을 다시 배워야 하고, 졸업이 1년 늦어지며, 등록금도 이중으로 든다는 점에서 손해가 이만저만이 아니다. 눈에 보이지 않는 손실 또한 이루 말할 수 없다. 우선 유급을 했다는 것 자체가 자존심에 큰 상처를 낸다. 다른 학생들이 비웃을지 모른다는 생각에 괴로워하는 일도 흔하다. 이런 마음을 잘 극복하더라도 실제적인 어려움이 닥치는데, 동기들을 떠나 후배들과 한 교실에서 생활해야 한다는 점이다. 오랫동안 정이 든 동기들과 떨어지는 것도 힘든데 이미 안면이 있는 후배들과 동급생이 되어 하루 종일 한 교실에서 지내야 하는 것이다.

유급의 결과가 이렇게 참담하다 보니 학생들은 공부할 때 한 과목도 소홀히 할 수 없다. 안전한 점수를 받으려면 끊임없이 스스로를 다그치고 보완해야 한다. 학기 중에는 항상 '유급의 공포'를 어깨에 이고 사는 것이다.

요즘 들어 별것 아닌 일에도 자꾸 눈물이 난다며 상담실을 찾아온 학생이 있었다. 학생은 상담 중에도 갑자기 눈물을 흘리곤 했다. 가족 이야기, 친구 이야기, 키우는 강아지 이야기를 하다가

시도 때도 없이 눈물이 나왔다. 심지어 얼마 전에 본 재밌는 영화 이야기를 하다가도 닭똥 같은 눈물을 흘렸다. 대부분 지극히 일상적인 이야기라는 공통점이 있었는데, 아마도 지금 자신의 일상이 무너졌다고 느끼는 듯했다. 눈물이 턱밑까지 차서 조금만 흔들어도 넘치는 것 같았다.

학생은 공부가 너무 힘들다고 했다. 자신은 성적에 욕심도 없고 유급만 하지 않으면 되는데 왜 이렇게 힘든지 모르겠다고 했다. 학생의 성적은 명백히 상위권이었고 현재 추세만 유지하면 떨어질 가능성도 없어 보였다. 그러나 유급의 공포는 이 학생에게도 예외 없이 찾아왔다.

"지금처럼만 하면 유급하지는 않을 거라 생각해요. 그런데도 공부를 하다 보면 '혹시 이번 시험에 갑자기 출제 유형이 바뀌면 어떡하지? 아니면 기출문제 그대로 나와서 공부한 사람이나 안 한 사람이나 다 잘보면 어떡하지?' 이런 생각이 들어서 더 완벽하게 준비해야 한다는 압박을 느껴요. 기분 전환을 하려고 친구들이랑 수다를 떨어도 결국 공부 얘기를 하게 되는데, 내가 모르는 내용이라도 나오면 가슴이 철렁하면서 불안해져요."

완벽주의자는 끊임없이 의심하는 습관이 있기 때문에 하늘이 무너져도 유급을 하지 않는다는 확신이 없는 한 이미 유급한 것처럼 두려워한다. 많은 교수님들은 "유급제도가 없으면 학생들이 공부를 안 한다. 기본도 안 된 학생에게 사람의 생명을 다룰 권한을 주어서는 안 된다."고 말한다. 백번 옳은 말이지만, 문제는 유급제도가 기본도 하지 않는 학생에게 경각심을 주는 차원을 넘어 성실한 학생들에게까지 공포를 심어준다는 데 있다. 하위 5%를 자극하기 위해 만든 제도가 상위 5%를 제외한 모든 학생들에게 강박이 되는 것이다. 물론 유급제도는 확실한 순기능을 가지고 있다. 의학교육계 내부에서도 유급제도에 대해 다양한 시각이 존재하며, 그만큼 활발한 논의가 진행 중이다. 그럼에도 이 제도가 학생들의 완벽주의를 강화시키는 것만큼은 분명해 보인다.

대인관계 스트레스, 평생 볼 사이라는 부담감

의대 생활이 대학보다는 고등학교에 가깝다 보니 친구관계 역시 그 시절만큼이나 민감하다. 매일 같은 교실에서 공부하고, 같은 시간 같은 식당에서 밥을 먹다 보니 겉도는 사람은 쉽게 눈에 띌 수밖에 없다. 자연히 학생들 사이에 그룹이 생기고, 그룹 내의

미묘한 권력 관계나 그룹 간 경쟁의식도 존재한다.

여기까지는 고등학교와 다를 바 없다. 그런데 성향이 맞지 않는 친구와는 데면데면하게 지내다 각자 갈 길 가면 되는 학창시절과 달리, 의대에서는 친하지 않은 친구와도 잘 지내야 한다. 앞서 말했듯, 임상실습 기간에는 모든 교육을 조별로 받는다. 성적은 개인별로 나가지만 결국 조 전체의 역량에 비례할 수밖에 없다. 실습이 1년 반이나 지속되므로 누구와 같은 조가 되느냐가 무엇보다 중요한데, 이것이 추첨으로 결정되다 보니 사이가 좋지 않은 사람과 한 조가 됐을 때는 매우 고통스럽다. 그래서 친하지 않은 동기와도 매끄러운 관계를 유지해놓아야 한다는 압박이 생길 수밖에 없다.

레지던트 과정을 생각하면 더욱 마음이 무겁다. 지금 옆에 있는 동기는 예비 직장동료, 선배는 예비 직장상사이다 보니 학생다운 순수함으로 이들을 대하기 어렵다. 그래서인지 의대생들은 '평판'에 무척이나 집착한다. 사람들이 나를 어떻게 생각하는지 촉각을 곤두세우고, 한 명이라도 나를 비딱하게 보는 것 같으면 극도로 예민해진다. 사람들과 잘 지내는 것은 어려운 일이지만, '모든' 사람들과 잘 지내는 것은 불가능에 가까운 일이다. 불가능에 도전하기 때문에 학교생활은 항상 긴장의 연속이다. 그래서 많은 의대생들이 학교에 있으면 특별히 하는 일이 없어도 지친다고 말하며 기회만 되면 밖으로 나가려 한다.

　예과 2학년 학생 한 명이 찾아온 적 있다. 동아리를 탈퇴하고 싶어 고민이라며, 악기를 연주하는 게 멋있어 보여 가입했는데 생각보다 재미도 없고 힘들어서 그만두고 싶다고, 그런데 그렇게 할 수 없어 너무 힘들다고 했다. 동아리를 나오는 게 눈치 보일 수야 있겠지만 그렇게까지 고통스러워하면서도 나오지 못하는 이유를 묻자 학생은 이렇게 답했다.

　"동아리를 나가면 동기들이나 선배들이 좋지 않게 생각할 것이 뻔한데, 나중에 병원에서 다 봐야 하는 사람들이잖아요. 친한 선배한테 조언을 구한 적이 있는데 동아리 탈퇴하면 나중에 병원 생활하기 힘들다고, 웬만하면 참고 하는 것이 좋다고 하더라고요."

　동아리 탈퇴가 단순히 선후배들에게 미안한 일에 그치는 것이 아니라, 직장상사와 동료들 사이에서 불성실한 사람으로 낙인찍히는 의미를 갖는 것이다. 이런 상황에서 '미움받을 용기'를 낸다는 것은 정말 어려운 일이다. 결국 학생들은 완벽한 인간관계를 위해 사력을 다할 수밖에 없다.

그러나 어쩌면 대한민국 모든 젊은이들의 병

지금까지 의대생들이 완벽주의에 시달리는 이유를 설명했다. 조금만 실수해도 추락할 수 있다는 두려움, 모든 사람과 잘 지내야 한다는 강박이 바로 그것이다. 그런데 많은 분들이 느끼겠지만 지금 대한민국 젊은이들 중에 그렇지 않은 사람이 있는가? 개인적으로 가장 익숙한 의대생의 사례를 들어 설명했을 뿐, 다른 학생들 역시 완벽을 강요하는 세상에서 살고 있기는 마찬가지다.

병원에서 일하던 시절, 컴퓨터공학과에 다니는 학생 한 명이 찾아온 적 있다. 취업시험에서 프레젠테이션이 중요한데, 발표만 하면 너무 긴장을 해서 준비한 만큼 하지 못한다는 것이다. 이를 극복하려 교내 프레젠테이션 스터디 모임에도 나가봤지만 도리어 긴장이 더 심해졌다고 한다. 학생의 말만 들어보면 전형적인 '사회불안장애social anxiety disorder' 증상으로 보이는데, 많게는 정상인의 15%가 경험한다고 보고되어 있을 만큼 흔한 병이다. 그런데 학생이 면담 중 의미심장한 말을 했다.

"고등학교 때까지는 발표를 잘한다는 소리도 꽤 들었어요. 그런데 대학에 와 보니 왜 이렇게 다들 잘하는지…… 경영학과 애들이 컴퓨터공학과 다니는 저보다 파워포인트를 더 잘 만들더라고요. 좀 잘해보려고 스터디 모임에 갔는데, 어휴 거기 애들은 다 스티브 잡스처럼 발표해요. 근데 이해가 안 되는 건 프로그래머를 뽑는데 왜 프레젠테이션 시험을 보는 건지, 이걸 잘하는 게 컴퓨터 실력이랑 무슨 상관인지 모르겠어요."

사실 사회불안장애 환자들은 서너 명이 모인 자리에서도 사람들이 자신에게 집중하면 긴장한다. 그런데 이 학생은 술자리에서 분위기를 주도할 정도로 사교적이며 일상생활에 아무 문제가 없었다. 단지 펜을 들고 자신을 노려보는 사람들 앞에서 발표하는 게 힘들다는 것뿐인데, 문제는 그런 자리가 너무 많다는 것이다. 학생과 이야기를 나눌수록 고민은 깊어졌다. 이 학생은 정말 병이 있는 것일까? 아니면 갓 스무 살을 넘긴 학생이 스티브 잡스처럼 발표하지 못한다고 탈락시키는 세상이 병든 것일까?

요즘 학생들은 무엇이든 완벽해야 한다. 예전 대학생들에게 영어는 큰 무기였지만, 지금 학생들에게는 기본이다. 원어민 수준의 영어 구사는 대기업에 들어가기 위한 필수 스펙이며, 조금만 버벅거려도 경쟁에서 탈락한다. 잘하는 것으로 충분하지 않고 완벽해야 한다. 작은 실수도 바로 실패로 이어진다.

기회가 부족하니 작은 가능성에도 목을 맬 수밖에 없다. 큰 회사에서 인턴 기회라도 잡게 되면 좋은 인상을 남기기 위해 전력투구해야 한다. 업무 능력은 기본이고 노래방에서 분위기를 띄울수 있는 끼와 즉석에서 멋진 건배사를 뱉을 수 있는 예능감도 장착해야 한다. '업계에서의 평판'이라는 말이 젊은이들을 착취하기 위한 공공연한 무기로 사용되며, 아무리 작은 권력에도 복종하게 만든다.

어린 학생들의 사정도 크게 다르지 않다. 학원가에는 '초등 5학년 여름방학이 대입을 좌우한다'는 플래카드가 나부끼며, 한순간도 긴장의 끈을 놓지 말라고 다그친다. SNS가 보편화되면서 많은 사람과 관계를 맺는 것이 성공의 기준이 되었고, 중고생들은 어떻게 하면 SNS 속에서 완벽한 세상에 사는 사람처럼 보일수 있을까 고민한다.

모두가 완벽에 중독된 세상, 그것이 지금 우리 사회의 현실이다. 이 책은 의대생 상담 경험을 바탕으로 쓰여졌지만, 대한민국 젊은이들이 겪는 보편적인 문제에 대해 말하고자 한다.

좋은 완벽주의,
나쁜 완벽주의

"의사는 사람의 생명을 다루는 직업인데 완벽해지려 노력해야 하는 거 아닌가요?"

완벽주의 성향이 자신을 괴롭히고 있다는 이야기를 했을 때 대다수 학생들의 반응이다. 생명이라는 숭고한 단어 앞에 나는 말문이 막혀버린다. 너무나도 맞는 말이 아닌가. 어떤 환자가 '큰 문제만 없으면 되지 뭐'라며 무사안일주의로 일관하는 의사에게 자신의 몸을 맡기고 싶겠는가. 환자에게 더 좋은 치료를 제공하기 위해 끊임없이 노력하는 자세야말로 전문가정신professionalism의 핵심이자 모든 것이라고 가르치고 있지 않은가. 그렇다면 완벽주의를 가진 학생이야말로 가장 훌륭한 예비 의사이지 않을까?

사실 지금까지 인류가 이룩한 모든 문명은 완벽주의자들에 의해 만들어졌다고 해도 과언이 아니다. 정치, 사회, 경제, 과학, 의학 등 모든 분야에 걸쳐 완벽주의자들은 인류의 역사를 바꿔왔다. 근대수학을 정립했다고 평가받는 독일의 수학자 가우스는 완벽히 정리되지 않은 이론은 절대 발표하지 않았다. 그래서 그의 업적 중 많은 부분이 사후 그가 남긴 일기를 검토하는 과정에서 발견된 것이라고 한다. 가장 존경받는 미국 대통령 에이브러햄 링컨이나 스마트폰으로 현대인의 삶을 바꾼 스티브 잡스 역시 완벽주의자로 잘 알려져 있다.

　문화예술 분야로 넘어가면 완벽주의자가 아닌 사람을 찾는 것이 더 어려울 정도다. 소설가 헤밍웨이는 그의 대표작《노인과 바다》를 수백 번 고쳐 썼다고 하며, 천재 영화감독 스탠리 큐브릭은 지독한 완벽주의 때문에 함께 일한 배우나 스태프들이 학을 뗐다고 전해진다. 가까운 예로, 축구의 신이라 불리는 크리스티아누 호날두는 엄청난 연습량으로 유명하며 최고의 기량을 유지하기 위해 술과 담배는 입에 대지도 않는다고 한다.

　스티브 잡스를 동경하지 않는 창업자, 호날두를 닮고 싶지 않은 축구선수가 어디 있겠는가. 결국 세상을 바꾸는 것은 완벽주의자들이다. 그렇다면 우리도 완벽주의자가 돼야 하는 것일까? 학생들에게 스스로를 더욱 채찍질하라고 조언해야 할까?

완벽주의의 두 얼굴

전 국가대표 농구선수이자 방송인인 서장훈 씨는 〈말하는대로〉라는 TV 프로그램에서 이렇게 말했다.

"저는 국가대표 농구선수였고, 한국 프로농구 사상 골을 가장 많이 넣은 선수예요. 그것도 압도적으로. 저는 '즐기는 사람을 이길 수 없다'는 말을 제일 싫어해요. 어렸을 때부터 농구를 했지만, 저는 한 번도 농구가 즐거웠던 적이 없어요. 단 한 번도 시합이 끝나고 들어가서 거기에 만족해본 적이 없어요. 지면 옷을 버렸어요. 이상하게 들리겠지만 그렇게라도 하고 싶었어요. 또 질까봐 무서워서. 무언가를 꼭 이루고 싶다면 스스로에게 한없이 냉정하고, 삶에는 치열해야 한다고 생각해요.

요즘 사람들이 저한테 '결벽증'이라고 많이 놀리는데, 농구를 할 때 너무 잘하고 싶었기 때문에 경기장에 갈 때면 마치 전장에 나가는 장수처럼 몸을 깨끗하게 씻고, 방을 깨끗하게 정리하고 나갔어요. 그것들이 점점 커져서 저한테 징크스가 되고 약간 결벽이 돼서 은퇴한 지금까지도 그러고 있어요."

이 강연은 젊은이들에게 큰 울림을 주었고, 지금까지도 SNS

에서 많이 회자되고 있다. 서장훈 씨는 지금 대한민국에서 가장 유명한 완벽주의자다. 그의 청결 강박은 각종 예능 프로그램에서 웃음을 주는 소재로 널리 사용되었고, 부자라는 점과 함께 예능인 서장훈의 캐릭터가 되었다. 하지만 농구선수 시절 서장훈의 이미지는 지금과 전혀 달랐다. 엄청난 승부 근성 때문에 때로는 과격한 플레이도 서슴지 않아 안티팬도 많았다. 그러나 그를 싫어하는 사람도 그의 실력만큼은 인정하지 않을 수 없었다.

완벽주의는 뚜렷한 목표와 성실함을 만나면 날개를 단다. 서장훈 씨 말처럼 "자기 분야에서 장인, 최고가 돼보겠다면 이렇게 살아야 한다." 그런데 서장훈 씨의 강연에서는 완벽주의의 또 다른 면을 발견할 수 있다. 농구를 은퇴한 지금까지도 청결 강박에 시달리고 있다는 점인데, 본인도 이 습관을 버리고 싶다고 방송에서 여러 차례 밝힌 바 있다. 농구에 대한 완벽주의가 명확한 목표 때문에 생겼다면, 청결에 대한 강박은 본인 말대로 징크스에 가깝다. 약간은 상징적, 주술적 의미를 갖는다는 뜻인데, 이렇게 완벽주의가 추상적인 믿음과 결합하는 경우에는 부정적인 결과를 초래할 수 있다. 완벽주의는 누군가에게 날개가 될 수도, 걸림돌이 될 수도 있는 것이다.

독이 되는 완벽주의, 약이 되는 완벽주의

—

세상 모든 일이 그렇지만, 완벽주의에도 긍정적인 면과 부정적인 면이 있다. 심리학자들은 이를 정상적 완벽주의와 신경증적 완벽주의 혹은 적응적 완벽주의와 부적응적 완벽주의라 부르는데, 이 책에서는 편의상 좋은 완벽주의와 나쁜 완벽주의라 지칭하겠다.

좋은 완벽주의는 합리적이고 현실적인 기준을 추구하는 반면, 나쁜 완벽주의는 과도하게 높은 기준을 설정한다. 좋은 완벽주의는 자기만족감을 중시하지만, 나쁜 완벽주의는 타인을 실망시키지 않기 위해 노력한다. 좋은 완벽주의가 도전에 의미를 둘 때, 나쁜 완벽주의는 실패를 두려워한다. 좋은 완벽주의가 열정이 필요한 몇몇 장면에만 등장한다면, 나쁜 완벽주의는 삶의 모든 장면에 관여하려 한다. 좋은 완벽주의는 실수를 성공의 과정으로 보지만, 나쁜 완벽주의는 실패의 전조로 해석한다. 끝으로, 좋은 완벽주의자는 꼼꼼하다는 평가를 받지만, 나쁜 완벽주의자는 집착이 심하다는 말을 듣는다.

결국 좋은 완벽주의와 나쁜 완벽주의는 현실적인 꿈을 꾸는가 아니면 이상에 매몰돼 있는가에 따라 판가름 나는데, 문제는 이를 구분하기 애매한 경우가 많다는 점이다. 어린아이가 대통령이 되고 싶다고 말하는 것이 원대한 계획인지 허황된 꿈인지 누가 판단할 수 있겠는가? 노벨상을 받겠다는 호언장담도 좋은 완벽주의일 수 있고, 운동을 꾸준히 하겠다는 소소한 다짐도 나쁜 완벽주의일 수 있는 것이다.

따라서 목표 그 자체보다는 '목표를 대하는 태도'에 초점을 맞추는 것이 바람직하다. 마라톤에 비유하면, 결승점이 있는 방향을 바라보며 묵묵히 달려가는 사람은 좋은 완벽주의자지만 결승점까지 남은 거리를 계속 확인하며 힘들어하는 사람은 나쁜 완벽주의자다. 좋은 완벽주의자는 현재를 꿈에 가까워지는 '과정'으로 인식하는 반면, 나쁜 완벽주의자는 꿈에 미치지 못한 '상태'로 받아들이는 것이다. 그래서 전자는 과정을 즐기려 노력하고, 후자는 상태를 확인하려 한다.

그럼에도 결국 정도의 문제

이렇게 구분해놓으니 좋은 완벽주의와 나쁜 완벽주의가 뼛속까지 다른 것 같지만, 사실 같은 뿌리를 가지고 있다. 무언가를 성취하는 것을 인생의 목표로 삼는다는 점에서 동일하며, 그 방법론에서 약간의 차이가 있을 뿐이다. 많은 심리학자들이 강조하듯이, 좋은 완벽주의와 나쁜 완벽주의는 '종류'의 차이가 아닌 '정도'의 문제다. 다시 말해, 좋은 완벽주의자도 지나치게 이상적인 목표에 몰두하다 보면 나쁜 완벽주의자가 되고, 나쁜 완벽주의자도 목표를 구체화시켜줄 멘토를 만나면 좋은 완벽주의자가 될 수 있다. 따라서 자만할 이유도, 낙심할 필요도 없다.

"의사는 사람의 생명을 다루는 직업인데 완벽해지려 노력해야 하는 거 아닌가요?"

이제 도입부에 소개한 학생의 질문에 답하려 한다. 생명은 무엇보다 소중하며 의술의 결과는 되돌릴 수 없기에 의사는 결코 나태해져서는 안 된다. 완벽한 의사가 되기 위해 노력해야 한다는 학생의 말은 분명 옳다. 하지만 목표가 숭고하다고 해서 과정이 나빠도 되는 것은 아니다. 좋은 의사가 되고자 노력하는 과정에서 내 마음이 병 든다면 무슨 의미가 있겠는가. 내가 건강해야 환자도 잘 치료할 수 있다. 그러니 학생들이여, 좋은 완벽주의로 대의大醫가 되어라. 대신 나쁜 완벽주의는 버려라.

사족을 덧붙이자면, 이 책은 나쁜 완벽주의에 관한 책이다. 앞으로 책에 등장하는 완벽주의란 단어는 모두 '나쁜 완벽주의'를 뜻한다는 점을 분명히 밝히며, 혹시라도 '완벽주의를 너무 나쁘게만 본다'거나 '열심히 사는 사람들을 다 환자 취급한다'고 오해하는 분들이 없기를 바란다.

완벽주의,
꼭 버려야 하나요?

"잘해야 한다는 압박이 지금 저를 너무 힘들게 하는 것은 사실이에요. 그래도 제가 의대에 올 수 있었던 건 그나마 그 덕인 것 같은데……. 고등학교 때 진짜 악착같이 공부하고, 2등만 해도 막 자책하고, 그러지 않았으면 여기까지 못 왔을 거예요."

많은 학생들이 이유 없이 처지는 느낌이나 막연한 불안감 때문에 상담실을 찾는다. 약물치료가 필요할 만큼 심각하진 않다고 해도, 이런 기분이 자주 반복되다 보니 당사자가 느끼는 불편함은 이만저만이 아니다. 이런 경우 이야기를 들어보면 십중팔구 완벽주의 성향이 있다. 더 잘해야 한다는 압박이 심하니 항상 쫓기는 느낌이 들고 쉽게 지치는 것이다.

이런 학생들은 상담을 통해 자신을 괴롭히는 강박을 발견하도록 돕는다. 자신이 아픈 이유를 아는 것만으로도 마음이 많이 편해지기 때문이다. 다음 단계로는 강박을 치료해야 하는데, 이때 학생들의 반응이 예상과는 다르다. 완벽주의가 자신을 힘들게 한다는 것을 깨달으면 한시라도 빨리 마음의 가시를 뽑고 싶어 할 것 같지만 실상은 그렇지 않다. 대부분의 학생들이 완벽주의를 버리기 망설이는데, 도입부에 소개한 학생의 말에서 그 이유를 찾을 수 있다.

완벽주의로 인한 성공의 경험. 이것이 치료의 가장 큰 걸림돌이다. 대입이라는 전쟁에서 승리할 수 있었던 것은 악착같음, 성실함, 끊임없는 자기반성, 즉 완벽을 향한 노력 덕택인데 이제 와서 그것을 버리라는 말을 누가 선뜻 받아들일 수 있겠는가. 결과가 너무 달콤하기 때문에 힘든 과정도 미화되며, 또 다른 승리를 약속하는 무기처럼 느껴지기도 한다.

꿈을 이룰 수 있다면, 마음이 조금 아픈 것쯤은 감수할 수 있지 않을까? 나 역시 마음의 평화를 위해 성공 따위에 미련 두지 말라는 신선 같은 말을 하고 싶은 것이 아니다. 정신건강은 둘째 치고, 완벽주의를 가지고는 성공할 수 없다. 믿기 어렵겠지만 분명 그렇다.

그때는 맞고 지금은 틀리다

완벽주의는 말 그대로 완벽을 추구하는 태도다. 시험으로 치면 만점, 등급으로 치면 특급을 받아야 한다. 결점이나 흠이 전혀 없어야 하는데, 다들 알다시피 세상에 그런 것은 없다. 완벽한 회사원, 완벽한 음식점, 완벽한 여행지, 완벽한 남자친구, 완벽한 며느리, 완벽한 자동차…… 한번이라도 이런 것을 본 적이 있는가?

존재하지 않는 것을 추구한다는 점에서 완벽주의는 틀리다. 그런데 문제는 아주 예외적으로 그것이 맞는 세상이 존재한다는 점이다. 대표적인 곳이 대한민국의 학교다. 대한민국 초·중·고등학교에서는 만점짜리 답안지를 받을 수 있다. 그것이 쉽다는 말은 결코 아니지만, 이론적으로 또 현실적으로 가능한 목표다. 수능에서도 매년 만점자가 열댓 명씩 나오는 걸 보면 적어도 그 백 배 정도의 학생들은 만점을 목표로 공부하고 있는 것 같다. 최근 기사를 보니, 대한민국 명문 사립고 학생들은 수능 만점을 넘어 미국 대입자격시험 SAT 만점을 목표로 삼는다고 한다.

그런데 완벽주의가 통하는 것은 딱 여기까지다. 세상 어느 시험이 노력하면 만점을 받을 수 있는가? 아마 인생에서 운전면허 시험이 마지막일 것이다. 대학만 들어와도 전공과목 시험에서 만점을 받는 것은 아예 불가능하다. 어려운 시험은 70~80점 정도에서 1등이 나오고, 합격률이 95%에 달하는 의사고시조차 90점대 초반에서 수석이 배출된다. 시험이 아닌 에세이나 논문으로 평가받는 경우 무결점이라는 것은 더더욱 꿈도 꿀 수 없다.

잘할 수는 있지만 완벽할 순 없다. 이 진리를 깨닫지 못하면 잘하는 건 고사하고 쉬운 일까지 망치게 된다. 스윙에 너무 힘이 들어가서 아예 헛스윙이 나오는 꼴인데, 실제 완벽주의자들은 갑자기 난이도 높은 과제와 맞닥뜨리면 기본 실력도 발휘하지 못하는 경우가 많다. 수능 만점을 목표로 하던 최상위권 학생이 예상외로 수능이 어렵게 출제되면 당황하여 실수를 남발하는 것이 대표적인 예다. 완벽주의가 능력을 배가시키는 것은 어디까지나 '완벽이 가능한 작은 세상'에서뿐이다. 넓은 세상에서 완벽주의는 멘탈을 흔들고 능력을 깎아내린다.

지방에 위치한 명문 기숙형 사립고등학교에서 의대에 진학한 학생이 있었다. 분명 머리도 좋고 공부도 열심히 하는데 성적이 좋지 않았다. 유급 위험수위를 오르내리다 보니 스트레스가 심했고 불면증까지 생겨 상담실을 찾았다. 공부 방식에 문제가 있을 거라는 확신하에 학생과 이야기를 나누던 중 다음과 같은 말을 듣게 되었다.

"고등학교 때는 실수를 줄이려고 본 내용을 보고 또 봤지 모르는 내용은 없었어요. 근데 대학에서 공부를 해보니 이해가 안되는 부분이 너무 많은 거예요. 제 성격상 그런 부분이 있으면 넘어가질 못하거든요. 그러다 시간이 지체되면 결국 뒷부분은 시험 직전에 대충 보고 들어갈 때가 많았어요."

의대 공부가 외울 것은 많지만 특별히 창의력을 요구하지는 않다 보니, "의대에 입학할 정도 머리면 공부한 만큼 성적이 나온다. 성적이 안 나오는 학생들은 공부를 안 하기 때문이다."라고 생각하는 교수님들이 많다. 나 역시 실제 학생들을 만나보기 전까지는 그렇게 믿었다. 그런데 분명 공부를 열심히 하는데도 성적이 하위권인 학생들이 존재하는데, 이 학생들의 공통점은 지독한 완벽주의자라는 것이다.

새로운 세상을 만나면 과거의 습관은 버려야 한다. 대학에 들어온 이상 고등학교 방식이 더 이상 유효하지 않다는 것을 깨달아야 한다. 그렇다면 반대로, 대입 전까지는 완벽주의가 성적 향상에 도움이 될까? 아마 많은 학생과 학부모님들이 궁금해하는 질문일 것이다. 대한민국 교육제도가 상당히 왜곡돼 있다 보니, 고등학생 시절까지는 완벽주의가 일부 도움이 되는 것은 사실이다. 그럼에도 불구하고, 어린 시절 완벽주의를 체득하는 것은 득보다 실이 많다.

어린 학생들 중 어느 시점까지 공부를 잘하다 갑자기 페이스가 떨어지는 경우가 있다. 자기 자녀가 "초등학교, 중학교까지 전교에서 놀다가 고등학교 들어와서 갑자기 이상해졌다"고 말하는 부모님들을 종종 보는데, 자세히 들여다 보면 멘탈이 무너졌기 때문인 경우가 대부분이다. 지나친 강박으로 힘들어하다 어느 순간 모든 것을 놔버리는 것이다. 또한 유독 큰 시험에 약한 학생들, 어려운 몇 문제에 집착하다 시간에 쫓겨 실수를 연발하는 학생들은 예외 없이 완벽주의자다.

설사 대입에 성공한다 해도, 그것이 끝이 아니다. 완벽주의적 강박으로 성적을 유지했던 학생들은 대학과 사회라는 새로운 무대에 잘 적응하지 못하는 경우가 많다. 미래 사회를 이끌어갈 인재에게 가장 필요한 덕목은 '인지적 유연성cognitive flexibility'인데, 완벽주의는 사고를 경직시키고 정답이 없는 문제 앞에 좌절하게 만들기 때문이다.

완벽주의 연구의 대가인 캐나다의 심리학자 고든 플렛Gordon Flett 교수의 말처럼 "우리는 완벽주의 없이도 완벽을 추구할 수 있다." 노력해서 완벽해질 수 있는 세상에 살고 있다면, 그렇게 노력하면 된다. 그러나 노력해도 완벽해질 수 없는 세상에 살게 된다면, 그저 묵묵히 나아가면 된다. 완벽주의의 도움 없이도 당신의 꿈을 이룰 수 있다.

"완벽주의가 대입에 도움이 되나요?"라는 질문에 대한 내 대답은 다음과 같다. "도움이 될 수도 있지만 리스크가 너무 큽니다. (될 성싶은 학생이) 대입에 성공하는 이유는 완벽주의 말고도 많지만, 실패한다면 십중팔구 완벽주의 탓이기 때문입니다." 그러므로 나는 대한민국 모든 학생들에게 완벽주의를 버릴 것을 권한다. 그때는 어땠는지 몰라도, 지금은 틀리다. 그리고 앞으로도 계속 틀릴 것이다.

끝으로 독특한 사례 하나를 소개하려 한다. 병원에서 일할 때 완벽주의 성향이 심한 철학과 학생 한 명을 치료한 적이 있었는데, 자신에게 천재성이 없는 것 같다며 괴로워하다 돌연 자원 입대를 했다. '마음도 편치 않은데 군 생활을 잘 견딜 수 있을까' 염려했던 것도 잠시, 제일 빨리 가는 것이 남의 군 생활이라더니 어느새 제대를 해서 인사를 하고 싶다며 찾아왔다. 학생은 입대 전과 달리 생기가 넘쳐보였고, 말릴 틈도 없이 군대 얘기를 시작했다.

"제가 의외로 군대 체질이더라고요. 처음에는 잔뜩 긴장했는데, 나이도 많은 신병이 열심히 한다고 칭찬을 해주더라고요. 시키는 일만 잘하면 칭찬받으니 고등학교 때로 돌아간 것 같았어요. 나중에는 몸 만들기에 재미 붙여서 운동을 열심히 했더니 특급전사까지 됐다니까요. 사람들이 샌님인 줄 알았는데 대단하다고……."

완벽주의가 즐거운 곳이 있다는 것을 이때 처음 알았다. 의대생들은 보통 졸업 후 군의관으로 복무하기 때문에 학생상담에서 군대 얘기를 할 일은 거의 없었다. 하지만 간혹 늦은 나이에 입학한 학생들이 과거 이야기를 하다 "군 시절이 의외로 괜찮았다"고 말하는 것을 보면, 군대와 완벽주의의 궁합이 그리 나쁘지만은 않은 것 같다. 그럼에도 다시 한 번 강조하면, 대한민국 군대는 전 세계를 통틀어 매우 특수한 집단이다. 평범한 세상에 완벽주의자를 위한 놀이터는 없다.

익숙한 것과 작별하는 두려움에 대하여

여기 당신이 20년 동안 매일 머리맡에 놓고 잔 곰인형이 있다. 그러던 어느 날, 이 인형에 사용된 염료에서 유해물질이 검출

됐다는 뉴스가 나온다. 당신은 곰인형을 버릴 수 있겠는가?

오만 가지 생각이 머리를 스칠 것이다. '아주 조금 나온 것 가지고 호들갑 떠는 것 아니야? 20년 동안 매일 안고 자도 아무 이상 없었는데? 이 정도 시간이면 유해물질이 있어도 다 빠졌겠다.' 이런저런 생각으로 마음을 달래보지만, 찝찝함은 어쩔 수 없다. 결국 곰인형을 버리기로 마음먹는데, 끝까지 마음자락을 붙잡는 걱정이 있다.

'이제 내일부터 어떻게 자나……'

완벽주의가 자신에게 해롭다는 것을 안다 해도 여전히 그것을 버리기는 어렵다. 익숙한 것과 작별하는 두려움, 사람의 마음을 약하게 만드는 것은 고통도 분노도 아닌 두려움이다. 그래서 많은 학생들이 완벽주의가 꿈을 향한 비행에 짐이 된다는 사실을 깨달은 후에도 변화를 망설인다. 변화는 항상 두렵기 마련이다. 인간이란 눈으로 좋은 것을 보면서도 손으로는 익숙한 것을 집어 드는 존재다.

학생들에게 완벽주의는 평생을 함께한 분신과 같다. 그것을 버리면 나도 함께 버려질지 모른다는 불안감을 느낀다. 개그맨에게 평생 만들어온 캐릭터를 버리라 하는 것과 비슷할까? 삶에 구멍이 난 것 같은 공허함을 토로하는 학생들이 많다.

"항상 열심히, 악착같이 살아왔는데 그걸 버리면 제 인생에 남는 게 있을까요?"

"친구들 사이에서도 저는 항상 어른스럽고 성실한 이미지예요. 근데 그게 없으면 저는 어떤 사람으로 보일까요?"

익숙함과 작별하는 것은 항상 두렵다. 그러나 인생에는 새로운 시작이 필요하다. 다행히 많은 학생들이 두려움을 딛고 변화를 선택한다. 바쁜 학업 중에도 매주 상담실을 찾아 낡은 나를 벗고 새로운 나로 살아가려 노력하고 있다. 나는 학생들의 용기를 응원하는 관중에 지나지 않는다. 그들이 치열한 삶 속에서 승리하기만을 바랄 뿐이다.

힘든 변화의 과정 중에도 웃음을 잃지 않던 학생이 있었다. 그 학생이 상담 중 무심코 뱉은 말이 나는 아직도 잊혀지지 않는다.

"저는 지금껏 한 번도 인생을 즐겨본 적이 없는 것 같아요. 책을 읽어도 항상 교양서적만 읽었어요. 달달한 소설 같은 것은 영양가 없는 책이라 생각했고, 인문학이든 과학기술이든 배우는 것이 있어야 한다고 생각했어요. 얼마 전에 친구 하나가 자기는 날씨 좋은 날 카페에서 책 읽는 시간이 가장 행복하다고 하더라고요. 저는 한 번도 그래본 적이 없거든요. 분명 제 인생인데 막상 저를 위해 쓴 적이 없는 것 같아요."

젊음이란 선물과 같다. 자신을 위해 쓰지 않으면 결국 없어지고 만다. 비록 세상이 전력질주를 강요한다 해도, 잠시 숨을 고르고 내 시간을 살도록 노력해야 한다.

이렇게 서둘러 달려갈 일이 무언가
환한 봄 햇살 꽃그늘 속의 설렘도 보지 못하고
날아가듯 달려가 내가 할 일이 무언가
예순에 더 몇 해를 보아온 같은 풍경과 말들
종착역에서도 그것들이 기다리겠지

들판이 내려다보이는 산역에서 차를 버리자

그리고 걷자 발이 부르틀 때까지

복사꽃숲 나오면 들어가 낮잠도 자고

소매 잡는 이 있으면 하룻밤쯤 술로 지새면서

이르지 못한들 어떠랴 이르고자 한 곳에

풀씨들 날아가다 떨어져 몸을 묻은

산은 파랗고 강물은 저리 반짝이는데

_신경림, 〈특급열차를 타고 가다가〉

Chapter 2
완벽주의의 탄생

영재교육의
빛과 그림자

심리상담은 자발적으로 신청한 학생들을 대상으로 한다. 그런데 때로는 이 '자발성'이 좀 애매한 경우가 있다. 친구나 부모님, 혹은 교수님의 권유로 상담실을 찾는 경우가 그것인데, 스스로 신청한 것은 맞지만 실상은 자의 반, 타의 반이다 보니 상담 중에 방어적인 태도를 보일 때가 많다.

어머니 손에 이끌려 마지못해 상담실을 찾은 예과 1학년 학생이 있었다. 입학 후에 학교를 잘 나오지 않는 상태였는데, 대부분 자신의 방에서 게임을 하며 시간을 보낸다고 했다. 수업은 출석 최소 기준만 간신히 채우는 정도였고, 강의가 끝나기 무섭게 집으로 돌아오다 보니 학교에는 어울리는 친구 한 명 없었다.

수심이 가득한 얼굴의 어머니와 누가 봐도 억지로 끌려온 듯

무심한 표정의 학생 그리고 나, 이렇게 3명이 상담실에 둘러앉았다. 어머니는 아들이 요즘 이상하다고 했다. 고등학교 때까지 공부는 물론 리더십도 뛰어나 반장을 도맡았던 아들이 대학에 들어간 후 방에 틀어박혀 게임만 한다는 것이다. 학교에 도무지 정을 붙이지 못하는 것 같아 걱정됐지만 아들이 상처받을까 내색도 못하고 속앓이만 했다는 어머니의 말에는 절박함이 묻어 있었다.

아들에 대한 사랑이야 의심할 여지가 없었지만, 어머니의 이야기를 좀 다른 시각에서 분석해 보았다. 언어 자체보다 제스처나 표정 등 비언어적 메시지에 주목했고, 이에 대한 아들의 반응도 면밀히 살폈다. 이야기의 콘텐츠보다 감정에 주목한 결과, 어머니에 대해 내린 결론은 다음과 같다.

첫째, 아들에 대한 간섭이 심한 편이다.
둘째, 정작 아들에 대해 잘 모른다.

이번에는 아들이 이야기할 차례였다. 어머니의 애끓는 모정이 무색할 정도로, 아들은 무덤덤했다. "그동안 너무 공부를 열심히 해서 조금 쉬고 있을 뿐이다. 게임을 좋아하지만 중독 수준은 아니다. 예과 때 성적은 그리 중요하지 않다고 들어 유급하지 않을 정도로만 페이스 조절을 하고 있다. 본과에 들어가면 학교도 잘 가고 친구들도 사귈 생각이다."

아들의 말 역시 일리가 있어 보였다. 자신은 우울한 일도, 화 나는 일도 없는데 왜 여기 앉아 있는지 모르겠다고 했다. 그럼에 도 누가 물어봐주길 바란 사람처럼 쉴 새 없이 떠드는 모습을 보 면 이 자리가 싫지만은 않은 듯했다. 아들의 말에서도 행간을 읽 으려 노력했고, 그렇게 내린 결론은 다음과 같다.

첫째, 어머니에게 화가 나 있다.
둘째, 정작 화내는 법을 모른다.

서로를 너무 사랑하는 두 사람이 어렵게 한 테이블에 앉았는 데, 마음에 닿지 않는 공허한 이야기만 늘어놓고 있었다. 진짜 이 야기를 끌어내야 했다. 우선 어머니를 돌려보냈다. 둘만 남은 상 담실에서 정말 상담을 받고 싶은지 다시 한 번 물었다. "특별히 문제는 없지만 상담은 해보고 싶다"는 알쏭달쏭한 대답이었는 데, 나에게는 간절히 도움을 요청하는 목소리로 들렸다. 그렇게 학생과의 상담이 시작되었다.

오랫동안 마음의 문을 닫은 상태였기에 학생과 나 사이에 신 뢰를 바탕으로 한 친밀감, 즉 라포rapport를 형성하는 것이 급선

무였다. 많은 세션을 학생의 말을 경청하는 데 보냈다. 조금씩 마음을 열기 시작하던 어느 날, 학생의 입에서 깊은 속마음이 흘러나왔다.

"어릴 때부터 영재니 수재니 이런 소리를 듣고 자랐어요. 초등학교 때 이미 고등학교 수학까지 다 끝내고 올림피아드 대비반에 들어갔어요. 다른 과목도 다 학원에서 선행학습을 하다 보니 학교가 끝나면 학원 교재를 넣은 캐리어를 끌고 대치동을 돌아다녔어요.

그 당시에 학원 수업시간 규제, 막 이런 이슈가 있어서 뉴스에서 학원가에 취재를 왔는데, 마침 조그만 애가 캐리어 끌고 다니니까 저한테 인터뷰를 했어요. 기자가 '공부하는 것 힘들지 않냐? 놀고 싶지 않냐?' 이렇게 물어봤어요. 아마 엄마가 시켜서 그런 거다, 힘들다, 이런 그림을 원했겠죠. 근데 제가 뭐라고 했냐면, '제가 좋아서 하는 거예요. 하나도 안 힘들어요. 수업시간 규제 같은 거 안 했으면 좋겠어요.' 기자가 엄청 당황했던 기억이 나요.

그때는 정말 그렇게 믿었는데, 지금 생각해보면 그게 진심이었는지 잘 모르겠어요. 12살짜리 애가 자기 덩치만 한 캐리어를 끌고 밤 12시까지 학원 뺑뺑이 돌다 집에 와서 1시까지 복습하고……. 그게 정말 좋았을까요? 지금도 가끔 걔가 불쌍하다는 생각을 해요."

이 이야기를 하면서 학생은 하염없이 눈물을 흘렸다. 공부하는 게 제일 좋다고 자신 있게 외치던 아이는 대학에 들어온 후 생기를 잃었다. 마음의 문을 닫고 자기만의 세계에 천착했다. 아이는 친구들이 구구단을 배울 때부터 영재교육을 받았다. 논리와 명제가 지배하는 세상에 살다 보니 감정은 억제해야 했다. 영재에게 감정이란 사치에 불과했다. 아이에게는 좋은 것도, 싫은 것도, 화나는 것도 없었다. 그저 배우고 또 배웠다. 그래서 스무 살이 넘은 지금도 자신의 감정을 느끼고 표현하는 데는 아이처럼 서툴렀다. 자신이 왜 힘든지, 왜 화가 났는지 도무지 알 수 없었던 청년은 세상과의 단절을 선택했다.

빛나는 보석을 가져다 쓰임새는 많지만 평범한 돌멩이로 바꿔놓는 것, 이것이 지금 대한민국 영재교육의 현주소다.

'노력형 천재'라는 말 속에 숨겨진 폭력성

우리나라에서 어릴 때 천재 소리 한번 안 들어본 사람 있을까? 아무리 냉철한 부모라도 자식이 어릴 때는 혹시 내 아이가 천재 아닐까 진지하게 고민해본 적이 있을 것이다. 의대생들은 더욱 말할 것도 없는데, 작은 도시에서 자란 학생들 중에는 지역에서 수재로 이름을 날린 경우도 많다. 자연히 어떤 식으로든 영재교육을 받고 자라게 되는데, 공식적인 영재교육이 아니더라도 최소한 학원에서 영재반 한번 다녀보지 않은 학생은 없는 것 같다.

영재교육이란 '선천적으로 우수한 소질과 재능을 타고난 아동이나 청소년들을 위해 마련된 특수교육'이며, 정상아와 다른 방법으로 교육함으로써 자신의 능력을 최대한 발휘하도록 돕는 것을 목적으로 한다. 미국이나 이스라엘 등 교육 선진국들의 사례를 보면 영재교육은 학생들의 창의력을 개발하는 데 중점을 둔다. 즉, 남과 '다르게' 생각하는 능력을 키워주는 것이다.

그런데 우리나라의 영재교육은 조금 독특한 면이 있다. 영재를 발굴한다는 TV 프로그램을 보면 '원서로 된 대학 교재로 공부하는 12살 과학 소년'이나 '어렵기로 소문난 난 라흐마니노프의 곡을 완벽히 소화하는 10살 피아노 소녀'가 등장한다. '다르게' 생각하는 아이보다는 '빨리' 배우는 아이가 영재 소리를 듣는 것이다. 결국 대한민국에서는 '영재교육 = 선행학습'이다.

그래서 많은 부모님들이 자식에게 조금이라도 싹수가 보이면 선행학습을 시킨다. 대부분 얼마 지나지 않아 아이에게 탁월한 재능이 없다는 것을 깨닫게 되지만, 한번 들어선 노선을 쉽게 변경할 순 없다. '천재로 태어나지 않았다면 천재로 만들면 된다.' 이것이 대한민국에서 상식으로 받아들여지는 교육관이다. 탁월하지 않은 재능을 탁월한 노력으로 커버하는 것이다. 그래서 대한민국의 어린 영재들에게는 '선천적인 재능'보다 '놀고 싶은 것을 참고 책상에 오래 앉아 있을 수 있는 능력'이 더 중요하다.

여기서 '노력형 천재'라는 단어가 등장한다. 천재란 그 정의상 '선천적으로 타고난 재능을 가진 사람'이기 때문에 애초에 노력이란 단어와는 어울리지 않는다. 노력으로 경지에 오른 사람은 또 다른 종류의 훌륭한 사람일 뿐 천재는 아니다. 그런데도 이 이상한 단어가 일상적으로 쓰이며 모든 아이들에게 천재가 되길 강요하고 있다. 노력형 천재라는 말을 뒤집어보면 천재가 되지 못하는 것은 노력이 부족한 탓 아닌가. 그래서 모든 학생들이 천재가 되기 위해, 적어도 노력형 천재는 되기 위해 안간힘을 쓴다. 모두가 천재가 돼야 하는 세상, 대한민국 영재교육은 완벽주의자를 찍어내는 공장과 같다.

빨리 달리느라 미처 보지 못한 것들

"어렸을 때 영재교육원을 다녔어요. 그때는 그게 뭔지도 모르고 그냥 엄마가 가라니까 갔죠. 근데 거기 애들은 다들 뭔가에 미쳐 있더라고요. 그러다 과학고등학교를 갔는데, 거기 애들도 특이했어요. 물론 저도 포함되지만, 쉬는 시간이면 애들끼리 모여서 수학이나 물리학 얘기하고 그랬거든요.

솔직히 저는 다른 학생들도 다 그렇게 사는 줄 알았어요. 근데 대학에 들어와보니 제가 너무 특이한 거예요. 유행하는 노래나 예능 프로그램도 잘 모르고, 그러다 보니 대화에도 잘 끼지 못하는 것 같고……. 친구가 아예 없는 건 아닌데 다 저랑 비슷한 애들이에요."

과학고등학교를 2년 만에 조기 졸업하고 의대에 입학한, 그야말로 대한민국 최상위권 학생이 상담실에 앉아 풀 죽은 목소리로 털어놓은 고민이다. 우리나라 영재교육이 속도에만 집중하다 보니, 빨리 달리기 위해 버려야 하는 것들이 너무 많다. 가장 대표적인 것이 '또래다움'인데, 그래선지 영재들은 교우관계에 특히 취약하다. 친구를 사귀고 싶어도 평범하게 관계 맺는 법을 모르니 어렵게만 느껴진다. 마음만 먹으면 뭐든 잘할 수 있다 믿으며 살아온 영재들에게 자신의 대인관계 능력이 열등하다는 사실은 받아들이기 힘든 고통이다.

공식적인 영재교육을 받지 않았더라도 최상위권 학생들은 대부분 대인관계 능력이 떨어진다. 일반 고등학교를 졸업한 평범한 학생이 상담실에 찾아온 적이 있는데, 위 학생과 크게 다르지 않은 고민을 안고 있었다.

"고등학교 때는 공부를 잘하니까 자연히 주변에 친구들이 모여들었던 것 같아요. 시험을 보고나면 반 애들이 다 제 시험지를 보고 채점하려고 몰려왔거든요. 기본적으로 저한테 호의적이다 보니 친구관계가 고민이었던 적은 없었어요. 근데 대학에 오니 친구를 사귀려면 제가 먼저 다가가야 하잖아요. 그래서 너무 어려워요. 자존심이 상하는 건 절대 아닌데, 정말 어떻게 하는지 방법을 모르겠어요."

누군가에게는 친구를 사귀는 것이 수능 만점보다 더 어려울 수 있다. 항상 완벽을 추구하던 사람이 자신의 대인관계에 구멍을 발견했을 때 어떤 기분을 느낄지 상상해보라. 완벽주의자는 작은 성공에도 도취되는 만큼 작은 실패에도 좌절한다. 이것만으로도 대한민국 최상위권 학생들이 행복하지 못할 이유는 충분하다.

날개옷을 잃어버린 선녀는 행복하게 살았을까?

———

　우리나라에는 영재를 발굴하는 TV 프로그램만큼이나 실패한 영재들을 들춰내는 프로도 많은데, 이런 방송에는 전형적인 패턴이 있다. 먼저 영재라 불렸던 찬란한 과거, 이를테면 퀴즈쇼에 나와 어려운 암산을 척척 해내던 모습 따위를 보여준 뒤 현재 삶을 비춤으로써 극적인 효과를 낸다. 왠지 서글픈 음악이 깔리며 등장하는 모습이란 대개 평범한 회사원이나 공무원인데, 연출 때문인지 몰라도 지금 생활이 행복하다며 웃는 주인공의 표정조차 쓸쓸해 보인다. 요즘 같은 시대에 회사원이나 공무원이 얼마나 대단한지 잘 알고 있음에도, 대한민국의 미래를 책임질 인재라 칭송받던 과거에 비하면 초라해 보이는 것이 사실이다.

　의대생 중에도 이런 기분을 느끼는 학생들이 많다. 대입 전쟁에서 당당히 승리하고 많은 사람들이 선망하는 의사의 길을 걷는 학생들이 초라함을 느낀다는 것이 의아하게 들릴 수 있겠지만, 학생들의 속사정을 들어보면 이해가 간다. 어릴 적 영재교육원에 다녔고 과학고등학교를 졸업한 또 다른 학생의 이야기를 들어보자.

　"어릴 때부터 꿈은 항상 과학자였어요. 평범한 과학자가 아닌,

우주의 신비를 밝히거나 인간의 뇌를 정복하는 그런 과학자, 노벨상을 받아서 대한민국의 위상을 드높이는 사람이 될 거라 생각했어요. 근데 고등학생 때 부모님이 의대에 가는 게 어떠냐고 하시더라고요. 우선 안정적인 직업을 갖는 것이 좋다, 의사가 되고 나서도 연구는 얼마든지 할 수 있다, 그런 말씀을 하시는데 부모님이 되게 속물처럼 느껴졌어요. 그런데 결국 저도 순응했잖아요. 물론 의사가 좋은 직업인 건 알지만…… 그냥 좀 허무해요. 그래서 대학에 들어온 후에 의욕이 없는 것 같아요."

의사가 사회적으로 인정받고 보람 있는 직업이지만, 인류 발전에 공헌하는 과학자를 꿈꿔온 영재에게는 다소 김빠지는 결말이 아닐 수 없다. 보통 영재들은 원리나 이론을 이해하는 데 재미를 느끼기 때문에 순수학문에 매력을 느낀다. 천체 물리학이나 수학에 심취한 영재는 있어도 근육 이름을 외우는 데 빠지는 영재는 없다. 부모님들 역시 자녀의 잠재력을 끌어내고자 학문 자체의 재미를 강조한다. 천재성을 보이는 7살 자녀에게 "안정적인 전문직이 최고니 의대에 가라"고 말하는 부모는 없다. 그러나 고등학생쯤 되면 말이 달라진다. "아무래도 현실적인 면을 무시할 순 없으니……"로 시작하는 부모님의 설득에 과학자의 꿈을 접고 의대에 온 학생들이 의외로 많다.

이런 학생들은 입학 후 '날개옷을 잃어버린 선녀'처럼 생기를 잃는다. 공부도 잘 따라가지 못하는 경우가 많은데, 영재 시절 공부 습관이 발목을 잡기 때문이다. 의학은 관찰과 통계의 학문이다. 그런데 영재들은 의학을 공부할 때도 숨은 원리를 찾거나 자기만의 이론을 만들려 한다. 없는 것을 찾느라 시간을 낭비하다 보면 어느새 열등생이 돼 있기 십상이다.

물론 대다수의 의대생들은 어린 시절부터 의사를 꿈꿔온 학생들이기 때문에 현재 전공에 만족한다. 그런데 그런 학생들조차도 '평범한 의사'가 되는 것으로는 충분치 않다고 느끼는 경향이 있다. '좋은 동네 의사'처럼 식상한 결말은 최후의 선택지로 남겨두고, 새로운 치료법을 개발하는 연구나 대한민국 의료제도를 개선하는 사회활동같이 좀 더 큰일을 해야 한다고 생각하는 학생들이 많다. 물론 큰 꿈을 꾸는 것은 권장할 만한 일이다. 그러나 '하고 싶다고 느끼는 것'과 '해야 한다고 생각하는 것'은 전혀 다르다. 대부분의 학생들에게는 꿈을 향한 설렘보다 평범해지면 안 된다는 초조함이 느껴진다.

이것이 어릴 때부터 영재니 수재니 소리를 듣고 자란 부작용이다. 영재교육은 특별함을 강조하기 때문에 특별함이 사라졌을 때는 좌절할 수밖에 없다. 영재들에게 세상에서 가장 두려운 것은 '평범해지는 것'이다. 그런 면에서 우리나라 영재들은 실패가 예정되어 있다고 해도 과언이 아니다. 진정한 영재교육은 초등학생이 초등학교 수학문제를 새로운 시각으로 푸는 것인데, 대한민국 영재교육은 초등학생이 고등학교 수학을 마스터하고 대학 수학을 배우는 것이기 때문이다. 단지 '나이보다 빠름'이 영재의 조건이라면 나이가 들어서도 영재일 수 있는 사람은 없다. 초등학생이 대학 수학을 공부하면 모두가 박수를 치지만, 대학생이 대학 수학을 공부하는 것에 누가 관심이나 있겠는가?

그래서 대한민국 영재들은 나이가 들면 날개옷을 잃어버린 선녀가 된다. 그들에게 땅 위에서의 행복은 아무 의미가 없다. 항상 하늘만 바라보기 때문이다. 대한민국 교육은 학생들에게 높은 곳을 향하는 방법은 가르쳐주지만 현재에 만족하는 법은 알려주지 않는다. 그래서 많은 학생들이 정작 발밑의 행복은 발견하지 못한다.

우리 대학에는 '노벨상 수상자 동상 터'라는 곳이 있다. 동상 밑동만 만들어놓고 '미래의 노벨상 수상자를 위한 자리'라고 쓰여 있는데, 우리 대학뿐 아니라 많은 학교에 비슷한 조형물이 있는 것으로 알고 있다. 나는 개인적으로 여기를 지날 때마다 씁쓸함을 느낀다. 학문의 전당인 대학이 학생들에게 큰 꿈을 심어주는 것이야 백번 옳지만, 대다수의 학생들이 취업이나 공무원시험에 목을 매는 현실에서 이 멋진 동상 옆을 지나는 누군가는 초라함을 느끼지 않을까 걱정되기 때문이다. 적어도 학교는 특별한 소수가 아닌 다수의 평범한 사람들이 주인공인 무대였으면 한다.

'1명의 인재가 99명을 먹여 살린다.' 자원이 없는 우리나라에서 인재 육성을 강조하는 격언으로 널리 사용된 말이다. 지금까지 대한민국 교육은 이 말을 금과옥조 삼아 엘리트를 키워내는 데 집중했다. 이런 엘리트 교육의 성과물이 지금의 의대생들이라면, 이들이 행복하지 못한 데에 대한민국 교육이 조금이나마 책임을 느껴야 하지 않을까?

다 잘 해 야
인 정 받 는 세 상

●

　나에게는 3살짜리 딸이 하나 있다. 얼마 전부터 어린이집을 다니기 시작했는데, 다행히 새로운 환경에 잘 적응하고 있다. 어린이집은 아이를 돌봐주는 곳이기 때문에 특별히 교육을 시행하지는 않지만, 아이들이 심심하지 않도록 여러 가지 '놀이'를 하며 시간을 보낸다. 색깔놀이, 블록놀이, 모래놀이, 물감놀이, 음악놀이, 체육놀이 등 학교 못지않게 다채로운 프로그램이 있지만 결국은 노는 것일 뿐이다. 그저 흐뭇하게 바라보면 될 광경이건만, 항상 부모의 욕심이 문제가 된다.

　우리 아이가 다니는 어린이집은 매일 저녁 인터넷 카페에 아이들 사진을 올려준다. 아내와 나 역시 카페에 올라온 아이 사진을 보는 것을 하루의 큰 낙으로 삼고 있는데, 아내는 꼭 사진을 볼 때마다 한마디씩 한다.

"오늘 모래놀이는 싫어하는 것 같네. 웃지도 않고, 뒤로 빠져 앉아 있잖아. 어제 물감놀이는 좋아하더니 왜 그러지? 내일 데려 다줄 때 선생님한테 살짝 물어봐야겠다."

그저 노는 것일 뿐인데도 아이가 골고루 좋아하지 않는다고 조바심 내는 모습을 보면, 솔직히 애가 학교라도 들어가면 얼마 나 간섭할까 걱정되는 것이 사실이다.

대한민국 학생들은 우리가 상상하는 것보다 훨씬 일찍부터 완 벽주의에 노출되어 있다. 어린아이조차 자신이 좋아하는 것이 나 잘하는 것에만 집중해서는 좋은 소리를 들을 수 없다. 노력이 나 재능도 음식처럼 골고루 먹지 않으면 "그렇게 편식하다 나중 에 큰일 난다"는 핀잔을 면하기 어렵다. 퍼즐 맞추기를 좋아하는 아이에게는 "그것만 들여다보지 말고 밖에 나가서 놀라"고 하고, 달리기를 좋아하는 아이에게는 "운동만 하지 말고 마음의 양식 도 쌓으라"고 한다. 모든 장단에 맞춰 춤을 추지 못하면, 춤을 못 추는 것이나 마찬가지다.

학교라는 곳에 들어가면 상황은 더 심각해지는데, 국·영· 수는 물론 음악, 미술, 체육, 봉사활동까지 완벽한 점수를 받아 야 우등생 소리를 들을 수 있다. 학교생활기록부, 즉 학생부는 말 그대로 학교생활 전반을 기록한 것인데, 상위권 대학을 노리려면 학생부는 무조건 '무결점'이어야 한다는 것이 학생과 학부모들 사이의 상식이다. 인생에 결점이라고는 없어야 한다는 뜻인데, 말만 들어도 숨이 막혀온다. 결국 학생들은 작은 행동 하나라도 꼬투리 잡혀 공든 탑이 무너지지 않을까 긴장한 채 학창시절을 보낼 수밖에 없는 것이다. '항상 평가받는 느낌'이 완벽주의자의 특징 중 하나인데, 학생들이 겪는 상황을 고려하면 이런 이상 감각이 생기는 것도 무리는 아니다.

완봉투수이자 4번 타자

———

전에 우연한 자리에서 고교 야구선수 한 명을 만난 적이 있다. 나 역시 야구부가 있는 고등학교를 다녀 단체응원의 추억이 있기에 반가운 마음으로 이런저런 이야기를 나눴다. 학생은 각종 대회 우승과 MVP 수상 경력까지 갖춘, 말 그대로 '고교 특급' 선수였다. 그것도 프로 구단들이 가장 선호한다는 강속구를 갖춘 투수였다.

"와, 몇 년 후면 TV에서 볼 수 있겠네요. 사인 받아놔야겠다."

나는 어른들이 으레 그러듯 실없는 덕담을 던졌다. 그런데 학생의 반응이 의외였다.

"나름대로 잘한다는 소리는 듣지만 매일매일이 살얼음판 같아요. 고등학교 때 날고 기던 선수들 중에 프로 문턱도 못 가보고 소리 소문 없이 사라진 사람이 얼마나 많은지 아세요? 프로에서 통하려면 고등학교 때 완봉승 정도는 밥 먹듯이 하고 노히트노런도 심심치 않게 나와줘야 돼요. 게다가 고교야구는 투수가 타자까지 하잖아요. 그러면 타격도 4번 타자 수준이 돼야 해요. 그 정도 해야 프로에 지명받는데, 그중에서도 살아남는 사람은 얼마 안 돼요."

완봉이란 9회 동안 1점도 주지 않는 투구를 말하며, 노히트노런은 한술 더 떠 상대팀에게 안타 하나도 내주지 않는 무결점 투구를 일컫는다. 타격으로 넘어가서, 4번 타자가 팀에서 가장 잘 치는 선수를 뜻한다는 것은 야구에 문외한인 사람도 알 만큼 상식적인 내용이다. 돌이켜보면 나도 고등학생 때 동대문운동장에서 선발투수가 만루 홈런까지 치는 장면을 본 기억이 여러 번 있다. 그런데 아무리 고교야구라 해도, 야구 좀 한다는 평가를 받으려면 완봉투수이자 4번 타자여야 한다는 것은 좀 심하지 않은가.

이 어린 선수에게는 조금만 성적이 떨어져도 "너 정도 하는 애는 쌔고 쌨다"는 말이 비수처럼 박힌다. 학생은 프로 선수가 돼서 돈과 명예를 얻고 싶은 욕심에 조바심을 내는 것이 아니었다. 그저 평생 해온 야구를 계속 하고 싶을 뿐이다. '고교야구 완봉투수이자 4번 타자'란 타이틀은 앞으로 야구를 계속할 기회를 얻는 최소 자격에 불과하다. 대한민국 어린 운동선수들에게는 평범하게 살 자격을 얻는 것이 낙타가 바늘구멍 들어가기보다 어려운 일이다.

요즘도 나는 프로야구 중계를 볼 때면 잠깐 스쳐가는 선수들의 이름을 한 번씩 되뇌곤 한다. 선발투수나 4번 타자가 아닌, 몇 달 만에 한 번 출전했다 기대에 부응하지 못하고 쓸쓸히 내려가는 이름 모를 선수의 얼굴도 기억하려 노력한다. 프로무대에 서기 위해 그가 얼마나 자신을 단련하며 살아왔을지 짐작하기 때문에, 또 그런 기회조차 얻지 못하고 사라져 간 수백, 수천의 어린 선수들이 있음을 알기 때문에 잠시 스쳐가는 선수의 얼굴도 허투루 흘려보내기 미안해진다.

지금 우리 사회가 젊은이들을 대하는 태도가 이렇다. 모든 면에서 완벽하지 않으면 작은 기회조차 주어지지 않는다. 젊은이들이 욕심이 많은 것이 아니다. 안정된 일자리를 가지고 단란한 가족을 꾸리는 '평범한' 삶조차 사치스런 꿈이 된 지 오래다. 한두 가지 잘 하는 것으로는 꿈을 꿀 자격조차 없다.

평범하게 살기 위해서는 안정된 직장이 있어야 한다. 대한민국에서 안정된 직장이란 대기업뿐이고, 대기업에 들어가려면 명문대를 졸업해야 한다. 명문대에 들어가려면 국·영·수뿐 아니라 아랍어 같은 제2외국어도 만점을 받아야 하며, 학생부에도 티끌 하나 없어야 한다. 공부가 아니어도 마찬가지다. 어릴 때부터 음악적 재능을 보여 악기에 인생을 걸었다고 치자. 우리나라에서는 연주를 아무리 잘해도 수능성적이 낮으면 명문 음대에 들어갈 수 없다.

요즘 학생들이 선망하는 아이돌 가수는 어떤가? 노래만 잘해서는 TV에 얼굴 한번 비추기 어렵다. 노래, 춤, 예능, 연기까지 다 잘하고 외모까지 완벽해도 운기까지 따라줘야 성공할 수 있는 것이 연예인이다. 가끔 아이돌 그룹을 뽑는 오디션 프로그램을 보는데 가장 많이 나오는 말이 "너 그 정도 해서는 안 돼"인 것 같다. 곧잘 하는 정도로는 살아남을 수 없다는 엄중한 경고의 메시지다. 그런 면에서 대한민국 젊은이들은 모두 서바이벌 프로그램 출연자나 다름없다. 지금의 나로 만족해서는 다음 단계로 올라갈 작은 기회조차 얻을 수 없다.

이런 세상이라면, 완벽주의자가 탄생하지 않는 것이 더 이상한 일 아닌가?

다 잘하는 것으로도 부족하다

─

앞서 오디션 프로그램 이야기를 하면서 다 잘하는 것으로도 부족하고 운까지 따라야 한다고 했는데, 결국 방송에서의 운이란 '카메라에 많이 잡히는 것'이다. 그럼 어떤 사람에게 운이 따를까? 여기서 중요한 것이 바로 '캐릭터'다. 나이답지 않은 아재 말투를 쓰거나, 희로애락 없이 항상 무표정하거나, 외국인이면서 사투리를 구수하게 쓰거나, 실수를 연발하면서도 자기가 되게 잘하는 줄 알거나, 그것도 아니면 욕을 잘하거나 이간질을 잘하거나, 하여튼 뭔가 남과 다른 캐릭터가 있어야 관심을 받을 수 있다. 우선 관심을 받아야 실력을 보여주고 말고 할 게 아닌가.

이런 현상은 방송에만 국한된 것이 아니다. 다 잘하는 사람도 발에 채일 만큼 흔한 세상이다 보니 뭔가 눈길을 끌 만한 요소 없이는 경쟁에서 이길 수 없다. 온라인에서 널리 사용되는 신조어로 '어그로'라는 단어가 있는데, '관심을 끌기 위해 무리수를 두는 사람이나 그런 행동'을 지칭한다. 비슷한 단어로 관심종자, 줄여서 '관종'이란 말이 있는데, 사실 요즘 젊은이들 치고 관종 아닌 사람이 없다. 혹자는 "요즘 애들은 내면을 다질 생각은 않고 남의 이목만 끌려 한다"며 혀를 찰지 모르나, 이는 아무리 내실을 다져도 관심을 끌지 못하면 버림받는 현실의 반영일 뿐 젊은이들의 인성과는 아무 관련이 없다.

전에 제주도 여행을 갔다 해녀 일을 배우는 대학생 한 명을 만난 적이 있다. 제주도에는 해녀학교가 있어 일정기간 교육을 받으면 '전통 물질 기술자격증'이란 이름의 해녀자격증을 수여하는데, 매년 신청자가 느는 추세라고 한다. 학생은 해녀 일을 배우는 것이 고되지만 보람 있다고 했다. 나 역시, 귀한 방학을 오롯이 투자해서 새로운 일에 도전하는 학생의 모습이 참 좋아 보여 저절로 미소가 지어졌다.

'제주도에 정착하는 젊은이들이 많다더니 이 학생도 졸업 후여기에 터를 잡을 생각인가 보다. 꼭 해녀 일을 하지 않더라도 자격증 하나 있으면 든든하겠지.'

이런저런 생각에 잠겨 있던 와중에 학생의 입에서 뜻밖의 이야기를 듣게 되었다.

"사실 해녀 일을 해볼 생각은 없고, 나중에 이력서에 한 줄 넣으려고 배우는 거예요. 요즘 취업이 진짜 힘들잖아요. 제가 학벌이 그리 좋은 편도 아니고 다른 스펙도 특출난 게 없다 보니, 운좋게 서류전형에 통과해도 면접에서 제대로 된 질문 한번 못 받는 경우가 많았거든요. 근데 특이한 자격증이 있으면 면접관들이 좀 관심을 갖는 것 같더라고요. 지원자가 수천 명인데 그런 차별성이라도 있어야 제가 준비한 것을 보여줄 수 있잖아요."

학생의 말을 듣고 참 마음이 아팠다. 이 어린 친구는 왜 제주도까지 내려올 수밖에 없었을까? 들뜬 여행객으로 붐비는 비행기 안에서 어떤 생각을 했을까? 이런 상념들이 마음에 밟혀 늦은 시간까지 혼자 술잔을 기울였던 기억이 있다. 만약 해녀자격증이 학생이 준비하는 취업에서 조금의 가산점이라도 된다면 그렇게 마음이 아프지는 않았을 것이다. 단지 수천 장의 이력서 중 잠시라도 눈길을 붙드는 하나가 되기 위해, 업무와는 아무 관련도 없는 자격증을 따야 한다는 것이 너무 속상했다.

지금 대한민국에서는 '다 잘하는 것'으로도 부족하다. 주어진 일만 열심히 해서는 나를 드러낼 수도, 평범한 행복을 누릴 수도 없다. 세상이 요구하는 것 이상을 보여줘야 살아남을 수 있다. 회사가 성실을 요구할 때 충성을 맹세하고, 상사가 야근을 원할 때 밤샘 근무를 자청해야만 한다. 항상 '조금 더, 조금 더'를 되뇌며 자신을 채찍질하다 보니 완벽을 추구하는 태도가 몸에 배일 수밖에 없는 것이다.

여러 다리 건너 어렴풋이 아는 분이 갑작스레 전화를 걸어온

적이 있다. 고3인 아들 일로 물어볼 것이 있다 했는데, 내용인즉
슨 의대 수시모집에 응시하기 위해 포트폴리오를 작성해야 하는
데 나름의 과학실험 보고서가 필요하다는 것이다. 의사로서의 자
질을 어필하기 위해 실험용 쥐를 해부하려 하는데 메스 같은 수
술용 장비를 어디서 살 수 있는지 궁금하다고 했다. 내가 아는 범
위에서 도움을 주긴 했지만, 왠지 모르게 씁쓸했다. 이렇게 부모
님 지인 찬스라도 쓸 수 있으면 다행이지만, 아무 도움도 받을 수
없는 학생들은 무엇으로 자신을 드러낸단 말인가?

　의대생에게 가장 필요한 덕목은 성실함이지, 수술 기술 같은
것이야 의대에 들어와서 배우면 된다. 고등학생 때 고등학생이
해야 하는 일을 성실히 수행한 사람을 선발해야지, 대학생 흉내
를 내며 특이한 경력을 만든 사람을 높게 평가해서는 안 된다는
것이 내 생각이다. 이런 제도라면 부모님이 의사인 학생 혹은 컨
설팅 업체의 도움을 받을 경제력이 있는 학생만 유리한 것 아닌
가?

　지금 대한민국에서 학생들이 가장 선망하는 전공 중 하나가 의
학이기 때문에 의과대학은 단순히 교육기관을 넘어 우리 사회가
추구하는 가치를 실현해야 할 사회적 책임이 있다. 한때는 의대보
다 물리학과나 화학과의 커트라인이 높던 시절도 있었다. 지금 잘
나간다고 콧대를 세우고 "여기 들어오려면 너의 특별함을 보여

봐"라고 얘기해서는 안 된다. 대학에는 분명 평범한 사람이 대접받는 사회를 만드는 데 일조해야 할 책임이 있다고 생각한다.

세상은 '다 잘하는 것'을 넘어 '너만 잘하는 것'을 보여달라 젊은이들을 다그친다. 우리는 완벽주의가 상식이 된 세상에 살고 있는 것이다. 세상이 변하길 바라기에 앞서, 우선 내가 속한 집단만이라도 이 잔인한 게임을 멈추기를 바란다.

대 물 림 되 는
완 벽 주 의

●

    발표할 때 너무 긴장해서 목소리가 덜덜 떨리는 학생이 있었다. 임상실습을 돌면 자신이 맡은 환자에 대해 발표할 기회가 많은데, 이 학생은 발표 때마다 눈에 띄게 긴장한 모습을 보여 교수님께 지적을 받곤 했다. 이런 일이 반복되다 보니 조원들과의 관계도 왠지 모르게 껄끄러워졌고 스스로도 점점 위축됐다.

    학생 역시 자신의 약점을 잘 알기에 이를 극복하려 무척이나 노력했다. 남들보다 일찍 자료를 찾고, 밤을 새워가며 슬라이드를 준비했다. 발표 내용을 토씨 하나 빼놓지 않고 대본으로 만들어 통째로 암기했다. 그런데도 발표 자리에만 서면 머릿속이 하얘지고 손이 부들부들 떨렸다. 중요한 발표에서만 그렇다면 그나마 다행이지만, 그저 네다섯 명이 모여 잡담이나 나누는, 긴장감이라곤 없는 작은 발표에서도 예외 없이 긴장감이 덮쳐왔다. 학생 자신도 도무지 왜 그러는지 이해할 수 없다고 했다. 머리는 '크게 중요한 발표도 아니니 긴장할 필요 없다'고 외치는데, 마이크 앞에만 서면 몸이 속절없이 굳어버리는 것이다.

원인은 비교적 단순해 보였다. 사회불안장애가 대개 그렇듯, 너무 잘해야 한다는 생각이 문제였다. 눈앞에 놓인 일의 중요성을 과대평가하는 것, 사람들이 나한테 지대한 관심을 가질 거라 착각하는 것, 지금의 평가가 내 미래에 큰 영향을 미칠 거라 생각하는 것, 이런 것들이 사회불안장애 환자들의 흔한 실수다. 지나친 압박을 느끼다 보니 무리수를 두게 되고, 결국 일을 그르칠 때가 많다.

이 학생 역시 완벽주의가 문제였다. 자꾸만 '잘해야 한다'는 생각이 앞섰다. 지난번 실수를 만회하기 위해서라도, 내가 그런 사람이 아니라는 것을 보여주기 위해서라도 더 잘해야 한다, 그렇게 다짐하고 또 다짐했다. 뿌리 깊은 완벽주의가 발목을 잡다 보니 편한 길에서도 넘어지기 일쑤였다. 이 완벽주의란 놈을 뿌리 뽑기 위해서는 그 뿌리가 어디까지 뻗어 있는지 알아야만 했다.

"발표할 때 이렇게 떨기 시작한 건 언제부턴가요?"

초등학교 고학년 정도를 예상하고 던진 질문에 학생은 더 깊고 심오한 이야기로 답했다.

"제가 기억하는 한 평생 동안 그랬던 것 같아요. 원래 그렇게 태어난 게 아닐까 싶을 정돈데, 제일 기억에 남는 건 유치원 때에요. 이게 제 인생에서 첫 기억인데, 5살 때쯤 유치원에서 연극을 했거든요. 그렇게 중요한 역할도 아니고 대사도 많지 않았는데, 무대에서 대사를 까먹어서 꿀 먹은 벙어리처럼 있었어요. 선생님이랑 애들도 다 당황하고, 객석에서 사람들이 웅성거리면서 손가락질했던 기억이 나요."

나는 학생상담에서 되도록 과거를 깊이 파헤치는 정신분석 기법은 사용하지 않는 편이다. 사회적응력과 지적 수준이 높은 대학생들의 경우 과거 트라우마를 헤집기보다 현재 문제에 집중하는 것이 더 효과적이기 때문이다. 그리고 무엇보다 학생들은 시간이 없다. 공부하기도 바쁜 학생들인 만큼 빠르고 효율적인 접근이 중요하다. 그런데 이 학생에게서 미처 예상치 못한 지극히 '정신분석적'인 대답이 나와버린 것이다.

프로이트 이래, '첫 기억'은 정신분석가들이 가장 선호하는 소재 중 하나였다. 사람들은 보통 만 3~4세 정도의 경험을 첫 기억으로 간직하는데, 또렷한 영상보다는 조각난 사진이나 막연한 이미지 형태로 저장되는 경우가 많다. 그래서 첫 기억은 '기록된 사실'보다 '각인된 인상'에 가깝다.

첫 기억은 반드시 왜곡돼 있다. 누구나 한번쯤 어린 시절 넓게만 보였던 골목이 사실 굉장히 좁다던가, 자신을 물었던 집채만한 개가 사실 손바닥만 한 강아지였다는 사실에 놀란 경험이 있을 것이다. 대개 어린 시절의 기억이란 사실 관계는 흐려지고 당시 느꼈던 감정만 과장되게 남는 속성이 있다. 첫 기억은 이런 왜곡의 결정판으로, 아예 팩트 자체가 조작되는 일도 흔하다.

역설적이게도, 첫 기억은 왜곡된 기억이기 때문에 중요한 가치를 갖는다. 기억이 어떻게 왜곡돼 있는가를 살펴보면, 한 사람의 삶을 지배하는 감정, 다시 말해 인생의 테마thema를 알 수 있기 때문이다. 이에 대해 심리학의 3대 거장이자 개인심리학의 창시자인 아들러는 이렇게 말했다.

"심리학에서는 한 사람이 자신의 첫 기억이라고 생각하는 것이 실제로 그러했는지 혹은 심지어 현실의 사건에 대한 기억인지 아닌지는 전혀 문제가 되지 않는다. 기억이 중요한 이유는 그것을 해석함으로써 그 사람의 현재 및 미래의 인생을 이해할 수 있기 때문이다. 한 사람이 자신의 인생에 부여한 의미를 발견하고 이해하는 일은 그의 전 인격을 아는 열쇠가 된다."

첫 기억이 그 사람을 이해하는 열쇠라면, 학생의 첫 기억은 우리에게 무엇을 말해주는가?

아이에게 부모는 우주다

———

먼저 학생의 기억에서 왜곡된 부분이 어딘지 찾아야 한다. 이런 경우 부모님의 진술로 진위 여부를 가리는 것이 가장 효율적인 방법이겠지만, 그것이 불가능한 경우에도 왜곡을 찾아내는 것은 그리 어렵지 않다. 우리가 가진 상식의 힘으로 사실과 다른 부분을 충분히 찾아낼 수 있기 때문이다.

학생의 이야기에서 상식적이지 않은 부분이 어디일까? 내 생각에는 '유치원 연극에서 대사를 까먹었더니 어른들이 수군거리며 손가락질했다'는 부분이다. 상상해보라, 유치원 학예회는 다른 말로 재롱잔치다. 엉뚱하고 귀여운 재롱을 보러 가는 것으로, 사실상 아이들의 실수를 보러 간다 해도 과언이 아니다. 학예회에서 아이들이 프로같이 완벽한 무대를 선보인다면 그것만큼 맥빠지는 행사도 없을 것이다. 음정이 맞지 않는 노래를 부르고, 갑자기 자기가 좋아하는 춤을 추며, 연극 중에 친구의 실제 이름을 부르는, 이런 엉뚱한 모습이야 말로 학예회의 백미라 할 수 있다.

나는 유치원 연극에서 대사를 잊어버린 아이에게 관객들이 비난을 퍼부었다는 기억은 절대 사실이 아니라고 생각한다. 그럼 학생은 왜 이런 기억을 갖고 있는 것일까? 앞서 언급했듯, 첫 기억을 재구성할 때는 '사실'보다 '감정'에 집중해야 한다. 학생에게 20년이 지난 지금도 선명하게 기억되는 그날의 감정은 수치심이다. 모두 웃으며 박수를 치는 와중에 5살짜리가 혼자 수치심을 느꼈을 리는 만무하므로, 누군가 그런 감정을 유발할 만한 말이나 행동을 했다고 추측할 수 있다.

모두의 예상대로, 그 사람은 부모님일 것이다. 우리는 때로 자신에게 너무 소중한 사람으로부터 비난을 받으면 세상 모든 사람들이 나를 손가락질하는 듯한 기분을 느낀다. 아마 학생의 기억에도 그런 감정이 투영됐으리라. 그렇다고 부모가 5살짜리 아이에게 신랄한 비난을 퍼부었을 거라 생각하진 않는다. 비난의 주체가 확장된 것처럼, 비난의 내용 역시 과장됐을 가능성이 높다. 아마 부모님은 "열심히 연습했는데 대사를 잊어버려서 참 아쉽네" 정도 얘기하지 않았을까? 20년이 지난 지금 부모님에게는 기억조차 나지 않는 일일지 모른다. 부모에게는 그저 스쳐가는 시간이 아이에게 잊혀지지 않는 기억으로 남는 일은 참으로 흔하지 않은가. 부모님 입장에서는 조금 억울하더라도, 그날 '실제로 무슨 말을 했는지'는 중요하지 않다. 오직 '아이가 어떻게 기억하고 있는지'만이 중요할 따름이다.

아이에게는 부모가 우주다. 세상을 보는 유일한 눈이고, 세상을 판단하는 유일한 잣대다. 아이에게 부모는 세상 그 자체다. 그래서 부모의 작은 기쁨도 온 세상의 환희처럼 느껴지고, 작은 슬픔도 온 세상의 어둠처럼 다가온다. 많은 부모들이 "자식 때문에 울고 웃는다"고 말하지만 그것은 거짓말이다. 부모는 자식 말고도 딴 세상이 있지 않은가. 정말 부모만을 보며 울고 웃는 것은 아이들이다. 그래서 부모가 언뜻 내비친 작은 아쉬움도 누군가에게는 온 세상의 비난처럼 느껴질 수 있는 것이다.

틀림없이 학생의 부모님은 좋은 분들일 것이다. 그저 자기 자식이 열심히 준비한 것을 잘 보여주길 바라는, 그래서 성취감에 기뻐하길 바라는, 그런 평범한 부모일 것이다. 나도 부모지만, 어디까지가 아이를 위하는 마음이고 어디부터가 내 욕심인지 구별하기는 참 어렵다. 정신과 의사임에도 누군가를 위하는 마음이 그 사람에게 상처가 될 수도 있다는 사실을 종종 잊어버리곤 한다.

재롱잔치 무대 위 작은 실수에도 쥐구멍에 들어가고 싶을 정도로 부끄러워하던 5살 아이는 20년이 지난 후 마이크 앞에만 서면 식은땀을 흘리는 청년이 되었다. 유치원 때 사건 하나가 트라우마가 돼서 지금의 병이 생겼다는 뜻은 아니다. 5살짜리의 실수도 그냥 넘어가지 않는 부모라면, 아마 그 후로도 아이에게 '애정 어린 지적'을 멈추지 않았으리라.

이것이 내가 학생상담에서 정신분석을 잘 하지 않는 이유이기도 하다. 강박의 원인을 찾아 들어가면 그 끝에는 반드시 부모가 있기 때문이다. 세상에 털어서 먼지 안 나오는 사람 없는 법인데 부모라고 어찌 잘못이 없겠으며, 이제 와서 그걸 들춰낸들 서로에게 좋을 것은 또 뭐가 있겠는가. 원인을 분석하는 작업이 자칫하면 누군가의 잘잘못을 따지는 일로 변질될 수 있기에, 과거보다는 현재에 집중하는 치료법을 선호하는 것이다.

그럼에도 불구하고, 이 학생의 케이스는 오래도록 아쉬움이 남았다. 그때 부모님이 5살 아이의 귀여운 실수를 그저 웃으며 안아줬더라면 얼마나 좋았을까? 부끄러움보다 즐거움을 먼저 느낄 수 있게 해줬다면 학생의 삶은 어떻게 달라졌을까? 이런 생각이 머리에서 떠나지 않아 오래도록 아쉬움이 남는 그런 상담이었다.

자식은 부모의 말이 아닌 태도에서 세상을 배운다
———

완벽주의자의 부모는 완벽주의자다. 이 명제에는 예외가 없다. '아이는 부모를 비추는 거울'이란 진부한 격언조차 필요 없을 정도로, 완벽주의자 뒤에는 반드시 완벽주의 부모가 있다. 나는 느긋하게 세상을 관조하는 부모 밑에서 완벽주의자가 나온 사례가 인류 역사상 단 한 건도 없다고 장담할 수 있다.

완벽주의자는 자기 자신이 세상을 힘들게 살기 때문에 '자식만큼은 편하게 살았으면' 하고 바라는 경우가 많다. 그래서 자식에게 열린 사고, 자유로운 삶 같은 것을 강조하는데, 문제는 자식이 부모의 말보다 태도에서 세상을 배운다는 데 있다. 자식은 절대 부모가 살라는 대로 살지 않는다. 부모가 사는 대로 산다. 그래서 완벽주의자의 자녀는 거의 예외 없이 완벽주의자가 된다.

우리나라 최상위권 학생들 대부분이 완벽주의 성향을 갖고 있다 했는데, 역으로 이들 부모님 중 자신이 완벽주의자라 생각하는 사람은 많지 않을 것이다. 내 경험상 대부분의 부모님들은 "저는 애를 그렇게 쪼거나 간섭하지 않아요. 그냥 애가 알아서 열심히 하더라고요."라고 말한다. '나는 압박을 준 적이 없는데 아이가 알아서 열심히 하더라'는 이 말은 절대 사실이 아니다. 아이가 완벽주의 성향을 보임에도 자신은 결코 완벽주의자가 아니라 생각한다면 대단한 착각이다. 정말 그렇게 믿는다면, 아마 완벽주의가 뭔지 잘 모르기 때문일 것이다.

흔히 완벽주의자라 하면 매사에 좋은 점은 보지 않고 나쁜 점만 찾으려 하는, 뭔가 삐뚤어진 사람을 생각하기 쉽다. 시험에서

99점을 맞아온 아이에게 1개 틀린 것을 질책하는 차가운 부모일 거라 생각하기 쉽지만, 실제 완벽주의자는 그런 모습이 아니다. 완벽주의자는 뒤틀리거나 꼬인 사고를 가진 사람이 아니다. 장점과 단점을 객관적으로 볼 능력이 있기 때문에 좋은 점에 대해서는 얼마든지 칭찬해줄 수 있다.

완벽주의는 '인지'가 아닌 '집중'의 문제다. 장점을 모르는 것이 아니라, 장점을 알면서도 자꾸 단점만 눈에 들어오는 것이 병이다. 책상을 닦고 또 닦는 강박증 환자가 있다고 치자. 아마 당신은 "책상이 이미 깨끗하니 그만 닦자"고 말하고 싶을 것이다. 그런데 이런 말은 아무 소용이 없다. 책상이 깨끗한 걸 몰라서 계속 닦는 것이 아니기 때문이다. 깨끗한 걸 잘 알지만 작은 먼지 하나가 신경 쓰여 멈출 수가 없는 것이다. 보통 사람들이 책상을 보고 "먼지가 몇 개 있지만 깨끗하다"고 말한다면, 강박증 환자는 "깨끗하지만 먼지가 몇 개 있다"고 말한다. '아 다르고 어 다르다'는 말처럼 작은 관점의 차이가 전혀 다른 결과로 이어지는 것이다.

똑같이 칭찬을 해도 완벽주의자의 칭찬은 다르다. 보통 부모가 "하나 틀리긴 했지만 99점이라니 정말 대단한데"라고 말한다면, 완벽주의 부모는 "99점이라니 정말 대단한데 딱 하나 틀린 게 있네"라고 말한다. 아이는 미묘한 뉘앙스의 차이를 정확히

캐치한다. 모든 아이는 부모의 감정을 알아채는 능력을 타고 나기 때문에, 칭찬이 아홉 마디고 지적이 한 마디여도 지적에 악센트가 실려 있다면 결국 비난이 되는 것이다. 말은 꾸밀 수 있어도 감정은 속일 수 없다. 아이는 부모의 말보다 행간에 숨은 감정에 더 예민하게 반응한다. 그래서 부모의 아쉬움을 똑같이 느끼고, 부족한 부분에 집중하는 태도까지 체득하는 것이다. 결국 이런 방식으로 완벽주의가 대물림된다.

잃어버린 양을 잊을 수 있는 용기

성경에 나오는 예수님 말씀 중 '잃어버린 양의 비유'라는 것이 있다. 누가복음 15장을 인용하면 다음과 같다.

"너희 중에 어떤 사람이 양 백 마리가 있는데 그중의 하나를 잃으면 아흔아홉 마리를 들에 두고 그 잃은 것을 찾아내기까지 찾아다니지 아니하겠느냐. 또 찾아낸즉 즐거워 어깨에 메고 집에 와서 그 벗과 이웃을 불러 모으고 말하되 나와 함께 즐기자 나의 잃은 양을 찾아내었노라 하리라."

한 생명도 소홀히 여기지 않는 하나님의 사랑을 표현한 비유로, 많은 사람들이 좋아하는 성경 구절이다. 그러나 나는 성경에서 이 구절을 제일 싫어한다. 직업병인지 몰라도 자꾸만 완벽주의를 장려하는 글로 읽히기 때문이다. 신의 마음을 표현한 것은 이해하지만, 인간적인 관점에서 보면 너무 바보 같은 짓이다. 가축이 가장 큰 재산이었던 고대 근동 지방에서 양 백 마리를 가지고 있다면 꽤 부유한 사람일 것이다. 한 마리를 잃어버렸어도 남은 99마리를 잘 돌보며 행복하게 살면 될 터인데, 전 재산인 양들을 허허벌판에 버려두고 한 마리를 찾아 사막을 헤맨다는 것이 얼마나 비상식적인 행동인가. 원래 완벽주의자들은 딱 떨어지는 숫자를 좋아하는데, 이 사람 역시 100이라는 숫자에 집착하는 강박증 환자일 가능성이 높다. 사막에서 양을 찾을 가능성이 얼마나 되겠으며, 설사 찾는다 한들 그동안 99마리 양이 위험에 처한다면 무슨 의미가 있겠는가. 인간에게 필요한 것은 잃어버린 한 마리 양을 잊을 수 있는 용기다.

좋은 부모가 되기 위해서도 이런 용기가 필요하다. '조금만 더 하면 될 것은 아쉬움'이 자꾸만 눈앞에 아른거려도, 잊을 수 있는 용기를 내야 한다. 삶의 단점에 집중하기보다는 장점에 만족하도록 노력해야 하며, 그런 태도로 자녀를 대함으로써 자녀 또한 자신의 삶을 그렇게 바라볼 수 있도록 도와야 한다. 부모가 자식에게 줄 수 있는 가장 큰 유산은 돈도 명예도 아닌, 세상을 아름답게 바라볼 수 있는 시선이다.

누군가에게 아름다운 세상을 선물한다는 것
———

누구보다 열심히 살면서도 항상 자신이 부족하다는 생각에 사로잡혀 있는 학생이 있었다. '나의 라이벌은 나 자신뿐이다. 어제의 나보다 더 나은 내가 되어야 한다.' 이런 말을 눈 하나 깜짝하지 않고 진지하게 하며, 대화 중에도 노력, 성취, 발전 같은 단어들을 일상적으로 사용하는, 정말 교과서에나 나올 법한 학생이었다. 그런 사람이라면 삶이 긍정 에너지로 가득 차 있어야 마땅한데, 이상하게 이유 없이 화가 날 때가 많다고 했다. 특히 술을 조금이라도 마시면 별것 아닌 일로 주위 사람들에게 화를 내서 분위기를 흐리는 일이 많았다.

나는 학생을 맨 정신일 때만 봐서 그런지, 정말 화라고는 내지 않을 사람처럼 보였다. 규칙과 질서를 존중하고, 감정을 억제하며, 자신에게 엄격한, 전형적인 완벽주의자의 모습을 하고 있었다. 그러나 상담을 진행할수록 내재된 분노가 느껴졌다. 사실 '어제의 나보다 더 나은 사람이 돼야 한다'는 좌우명은 참 무서운

말인데, 그런 생각을 가진 사람에게 평범한 하루를 보내는 것은 '퇴보'이기 때문이다. 휴식이 곧 퇴보이기에 한시도 쉴 수가 없다.

완벽주의 성향을 가진 학생들이 가장 많이 하는 말 중 하나가 "저는 아무것도 안 하고 있으면 왠지 불편해요. 차라리 바쁠 때가 마음이 편해요."인데, 이 학생 역시 같은 말을 했다. 그래서 특별히 할 일이 없어도 일을 찾아서 했다. 여행을 가도 매일 무엇을 봤고 무엇을 배웠는지 빠짐없이 기록했다. 그에게 발전 없는 일상이란 죄악과 같은 것이었다. 설사 시간적 여유가 생겨도 진정한 휴식은 취하지 못했다.

사람은 쉬지 못하면 화가 난다. 이것은 평범한 진리다. 잠을 제대로 못 잔 날 괜히 기분이 날카로워져서 주변 사람들에게 짜증을 내본 경험은 누구나 한번쯤 있을 것이다. 학생의 분노는 휴식의 부재에서 기인한 것이었다. 항상 뭔가 해야 한다는 조바심에 쫓기다 보니 대학생의 특권이라는 방학조차 여유 있게 보내지 못했다. '왜 이렇게 아등바등 살까?' 궁금하던 와중에 우연히 학생의 어린 시절 이야기를 들을 수 있었다.

"어렸을 때 천체 물리학을 좋아했어요. 재밌어서 열심히 한 건데 어찌하다 보니 전국 올림피아드에서 입상까지 하게 됐어요.

그래서 우리나라 대표로 국제대회까지 나갔는데, 거기서는 입상을 못 했죠. 대회 끝나고 아버지께서 '고생 많았고 정말 잘했어. 다음에는 조금 더 분발하자.' 이렇게 이야기하셨어요. 분명히 칭찬이긴 한데, 그 말 하시는 아버지 표정이 되게 싸늘했거든요. 어린 마음에도 '내가 입상하지 못해서 실망하셨구나! 앞으로 더 잘해야겠다.' 이렇게 생각하면서 자책했던 기억이 나요."

아버지는 '칭찬의 말'을 했지만, 아들은 '아쉬움의 정서'를 느꼈다. 자녀는 부모의 말이 아닌 태도를 배운다. 내가 세상을 바라보는 방식이 자녀의 인생까지 결정하는 것이다. 그래서 부모가 자식에게 줄 수 있는 가장 큰 선물이 세상을 아름답게 바라볼 수 있는 능력인 것이다.

인지치료의 창시자인 심리학자 아론 벡**Aaron Beck**에 따르면, 한 사람의 삶은 그가 자기 자신, 자신을 둘러싼 세상, 그리고 자신의 미래, 이 세 가지를 어떻게 바라보느냐에 따라 결정된다. 그렇기 때문에 자신의 단점에만 집중하고, 세상을 치열한 전쟁터로 인식하며, 미래에도 달라질 것이 없다고 생각하는 사람은 우울증에 걸리기 쉽다는 것이다. 반대로 자신의 장점을 보려 노력하고, 일상에서 여유를 느끼며, 미래에서 희망을 찾는 태도야말로 행복을 보장하는 가장 확실한 보험이다.

요즘 부모들은 자녀가 뱃속에 있을 때부터 보험을 든다. 아이에게 조금이라도 더 나은 삶을 선물하기 위해서라면 값비싼 보험도 마다하지 않는 것이 부모 마음이다. 그러나 당신이 자녀에게 선물하고 싶은 것이 행복한 삶이라면 가장 확실한 보험은 따로 있다. 세상을 아름답게 볼 수 있는 시선이야말로 당신이 찾고 있는 가장 확실한 보험이다.

"완벽하지 않아도 괜찮아."
"세상은 참 따뜻한 곳이야."
"앞으로 좋은 일이 생길 거야."

나 역시 내 딸이 스스로에게 이런 말을 해줄 수 있는 사람으로 성장하길 간절히 바란다.

오래 사랑하려면 거리감이 필요하다

———

아주 가끔 상담실에 학부모님이 찾아오기도 한다. 자녀 문제로 여러 가지 상담을 요청하시는데, 대학생이 된 후 부쩍 부모에게 짜증을 내고 거리를 둔다고 느끼는 경우가 가장 많은 것 같다.

대부분의 의대생들이 고등학교 때까지 부모님 말씀을 거역하지 않는 착한 아들딸이다 보니, 어른이 돼가는 자녀의 모습이 유독 낯설게 느껴질 수 있다. 사춘기 반항이라는 예방주사를 맞지 않은 부모에게는 성인이 된 자녀를 떠나보내는 상실감이 더욱 클 수밖에 없다. 그래서 나는 부모님들에게 이렇게 충고한다.

"성인이 된 자녀가 부모님 그늘에서 벗어나는 것은 너무 자연스러운 일 아닐까 싶습니다. 부모님께서도 이젠 아이를 품 안의 자식이 아닌 독립된 인격체로 대해 주셔야 할 것 같습니다. 처음엔 힘드실 수 있겠지만, 오랫동안 사랑하기 위해서는 적절한 거리감이 반드시 필요합니다."

사랑하지만 집착하지 않는 것, 사랑하지만 강요하지 않는 것, 이것이야말로 우리나라 부모자식 관계에서 가장 필요한 덕목이 아닐까 싶다. 자식이 무엇을 잘하고 무엇을 못하는지, 그리고 무엇을 보완하면 더 발전할 수 있는지 부모 눈에는 너무 잘 보인다. 그래서 자식이 잘됐으면 하는 마음에, 나와 같은 시행착오를 겪지 않았으면 하는 마음에 자꾸만 간섭하게 된다. 이것이 바로 '사랑을 빙자한 폭력'인 것이다.

요즘 인터넷상에 '꼰대가 되지 않는 법'이란 글이 많이 떠돈다. 여러 가지 이야기들이 있지만 결국 '지적하고 싶을 때 지적하지 마라. 조언하고 싶을 때 조언하지 마라.'로 요약할 수 있다. 좋은 부모가 되는 방법 또한 크게 다르지 않다. 조금 느리더라도 아이 스스로 세상을 탐험해 나갈 수 있게 기다려주는 것이야말로 부모가 할 수 있는 가장 큰 배려 아닐까?

사랑하는 사람을 잃지 않도록

미국의 전설적인 팝 그룹 카펜터스Carpenters는 친남매로 구성된 듀오로 'top of the world'를 비롯해 수많은 명곡을 남겼다. 그중 동생인 카렌 카펜터는 청아한 목소리와 뛰어난 가창력으로 큰 사랑을 받았으나 33살의 젊은 나이에 신경성 식욕부진증, 흔히 거식증이라 불리는 병으로 사망하여 많은 사람들을 충격에 빠뜨렸다.

거식증은 외모, 특히 체중에 대한 병적인 집착으로 음식 섭취를 거부하는 질병이다. 정신과에서는 자살을 제외하고 유일하게 '죽을 수 있는 병'인데, 극단적인 단식을 고집하다 영양실조로 사망하는 경우가 드물지 않게 발생한다. 극단적으로 표현하면 굶어 죽을 때까지 다이어트를 하는 셈인데, 거식증 환자들은 죽기 직

전까지도 자신이 충분히 날씬하지 못하다고 생각한다.

완벽주의의 극단적인 표현형이 거식증이라는 말이 있을 정도로 거식증과 완벽주의는 떼려야 뗄 수 없는 관계다. 완벽함에 대한 집착으로 현실 감각이 마비되어 아무리 날씬해져도 만족하지 못한다. 주변에서 아무리 칭찬을 해도 이미 귀가 멀어버린 사람에게는 더 예뻐져야 한다는 비난으로 들리는 것이다. 부족한 부분에 집중하는 태도, 한때는 자신을 더욱 발전시켜 줄 거라 믿었던 이 습관이 결국 자신을 향하는 칼날이 되는 것이다.

조금 극단적인 예시를 들었지만 완벽주의에는 결코 해피엔딩이 없다. 이룰 수 없는 것을 꿈꾸는 사람에게 만족이란 없기 때문이다. 그럼에도 우리는 완벽을 꿈꾸고, 가장 사랑하는 사람에게 완벽을 바란다. 그것이 행복을 가져다줄 거라 믿는다. 사랑은 바라지 않는 것이다. 사랑이란 이름으로 무엇을 바라지 말자. 그저 사랑하는 사람이 자신의 세상을 만들어가는 모습을 지켜보는 것만으로도 충분히 행복하지 않은가.

카펜터스의 'I need to be in love'라는 곡은 사랑하는 사람이 곁에 없는 외로움을 표현한 노래다. 완벽주의에 시달리다 젊은 나이에 세상을 떠난 카렌 카펜터의 이야기가 떠올라 더욱 슬프게 들리는 구절이다.

I know I ask perfection of a quite imperfect world

And fool enough to think that's what I'll find

So here I am with pockets full of good intentions

But none of them will comfort me tonight

내가 불완전한 세상에서 완벽함을 바라는 걸 알아요.

그걸 얻을 수 있다 생각할 만큼 어리석다는 것도

그래선지 좋은 계획들을 잔뜩 가지고 있지만

오늘밤도 마음이 편하지가 않네요.

_카펜터스, 'I need to be in love' 중에서

Chapter 3
완벽주의자, 그들이 사는 세상

정 도 (正 道),
인 생 에 는 적 어 도
모 범 답 안 이 있 다 ?

이 챕터에서는 완벽주의자의 특징을 소개하려 한다. 사실 완벽주의는 단일한 질병보다는 다양한 증상들의 집합체인 '증후군'에 가깝다. 그만큼 다양한 얼굴을 갖고 있기 때문에 한 가지 특징으로 규정짓기 어렵다. 그래서 이 챕터에서는 완벽주의자의 인지, 정서, 행동상의 특징을 다각도로 분석하고자 한다.

앞으로 소개할 내용 중 한두 가지라도 자기 이야기처럼 느껴진다면 한번쯤 스스로를 의심해볼 필요가 있다. 이렇게 말하는 이유는, 나 역시 마찬가지였지만 실제로 많은 사람들이 자신이 완벽주의자라는 사실을 모르기 때문이다. 특히 우리나라는 완벽주의 호발 지역이다. 당신 주변에서 적어도 서너 명은 심각한 완벽주의자일 것인데, 그 서너 명에 당신이 포함될 수도 있다.

사람들이 자신의 병을 알아채지 못하는 이유는 완벽주의에 대한 무지 때문이다. 당신은 완벽주의자 하면 어떤 이미지가 떠오르는가? 업무는 빈틈없이 처리하지만 주위 사람들에게는 차갑고 냉소적인 독설가, 사회적으로는 성공했지만 예민하고 경쟁적인 성격 탓에 친구 하나 없는 외톨이, 많은 사람들이 떠올리는 완벽주의자의 이미지는 이렇다. 마치 영화 〈이보다 더 좋을 순 없다〉의 잭 니콜슨처럼 뒤틀린 성격의 강박증 환자를 상상하기 쉽다.

그러나 현실의 완벽주의자는 이런 모습을 하고 있지 않다. '완벽한 일처리'와 '차가운 태도'를 완벽주의의 핵심으로 생각한다면 완벽주의의 실체를 놓치는 것이다. 완벽주의는 우리 삶 깊숙이 스며들어 있으며, 완벽주의자 역시 지극히 평범한 사람들이다. 횡단보도를 건널 때 한 가지 색만 밟고, 사람들과 악수할 때 손수건을 사용하며, 식당에서 자신이 가져온 수저를 사용하는 사람들은 영화나 드라마 속에서나 등장할 뿐이다. 대부분의 완벽주의자들은 착하고 수더분하다. 배려심 많고 친절하며 적당히 허당끼도 있는, 지극히 인간적인 사람들이다. 완벽주의의 본질에 접근하려면 겉으로 드러나는 모습보다 내재된 가치관에 주목해야 한다.

모든 일에는 정답이 있다는 믿음

"요즘 제일 고민은 연애예요. 남자친구랑 계속 사귀는 게 좋을지, 헤어지는 게 좋을지 모르겠어요. 성격이 잘 안 맞는다는 생각이 들고, 무엇보다 만나도 예전같이 좋질 않아요. 그래도 저한테 참 잘해주고, 또 동기라서 헤어져도 계속 마주쳐야 하잖아요. 그런 것도 마음에 걸리고……, 저는 어떻게 하는 게 좋을까요?"

젊은 청춘들을 만나다 보니 아무래도 연애 이야기가 자주 나온다. 20대에게 사랑만큼 중요한 일이 어디 있겠는가. 사실 상담의사 입장에서도 연애는 상당히 반가운 주제인데, 연애만큼 그 사람의 가치관과 감정 상태를 잘 반영하는 것도 없기 때문이다.

여기 연애 고민을 털어놓은 학생이 있다. 20대 초반에 누구나 한번쯤 해봤을 법한 지극히 평범한 고민처럼 들린다. 그런데 혹시 당신은 이 학생의 말에서 완벽주의자의 특징을 찾아낼 수 있겠는가?

우유부단함도 완벽주의자의 특징 중 하나지만 완벽주의의 본질을 가장 분명하게 보여주는 것은 학생이 사용한 말이다. 남자친구와 계속 사귀는 게 '좋을지', 아니면 헤어지는 게 '좋을지' 모르겠다는 말이 바로 그것인데, 자칫 평범하게 들리는 표현이지만 말하는 사람의 가치관이 강하게 투영돼 있다.

남자친구와 사귀건 헤어지건 그 선택에는 '좋고 나쁨'이 없다. '내가 무엇을 원하는지'가 중요할 뿐, 옳고 그름을 따질 수 있는 문제는 아니다. 그런데도 완벽주의자들은 이런 표현을 습관적으로 사용한다.

"어떻게 하는 게 좋을까?"

"지금처럼 하는 게 맞는 걸까?"

"감정에 휩쓸려서 잘못된 선택을 하는 게 아닐까?"

내가 무엇을 원하는지 생각해야 할 자리에 '좋고 나쁨'이나 '옳고 그름'이 들어온다. 물론 세상에는 옳고 그름을 따져야 하는 일들도 있다. 그러나 우리가 일상에서 겪는 대부분의 일에는 옳고 그름이 없다. 그런데도 이런 사고방식이 습관이 되면 밥을 먹을 때조차 "자장면 먹는 게 좋을까? 짬뽕 먹는 게 좋을까?"라고 말하게 된다. 다시 한 번 말하지만, 점심 메뉴를 고르는 데는 '좋고 나쁨'이 없다. 그저 자기가 먹고 싶은 것을 먹으면 그만이다.

요약하면, 내가 생각하는 완벽주의자의 가장 큰 특징은 '당위성에 대한 집착'이다. 모든 일에 '정답'이 있다는 믿음, '옳은 선택'이나 '바람직한 행동'을 중시하는 태도, 이런 것들이 완벽주의를 암시하는 가장 강력한 단서다.

마땅히 해야 할 일을 할 뿐

—

'당위성에 대한 집착'이 일상에서 어떻게 드러나는지 설명하기 위해 또 다른 사례를 소개하겠다. 다음은 한 학생과 나눈 대화인데, 완벽주의가 한 사람의 감정과 행동에 어떤 영향을 미치는지 엿볼 수 있을 것이다.

학생 오늘 지하철역에서 우연히 친구를 만났어요. 학교까지 같이 걸어오는데 별로 할 말이 없더라고요. 제가 계속 질문을 하면서 대화를 이어나갔는데, 질문을 계속 생각하느라 되게 힘들었어요.

나 대화를 이어가기 위해 질문을 짜냈다는 말 같네요.

학생 네, 그래도 친군데 말없이 걸어가는 건 좀 아니잖아요.

나 말도 없이 걸어가는 건 옳지 않다는 뜻인가요?

학생 그렇게까지 생각한 건 아니지만……, 어쨌든 친구라면 서로 관심을 갖고 배려해야 하잖아요. 근데 그 친구는 제 질문에도 짧게 대답하고, 대화를 이어나가려 노력하지 않는 것 같아서 좀 서운했어요.

나 친구라면 관심과 배려가 있어야 한다. 대화를 이어나가려 노력해야 한다. 이렇게 생각한다면, 노력하지 않는 친구 태도에 실망했을 수 있겠네요. '나를 친구로 여기지 않나' 하는 생각이 들었을 수도 있겠고요.

학생 맞아요. 저를 별로 소중하게 생각하지 않는다는 느낌을 받았어요. 그래서 서운하고 화가 났던 것 같아요.

나 만약에 그 친구는 다른 생각을 갖고 있다면 어때요? 친구란 말없이 같이 걸어도 좋은 것이라 생각하는 사람일 수도 있지 않을까요?

학생 ······. 그렇게는 생각해보지 못했어요.

학생은 등굣길에 궁금하지도 않은 질문을 짜내느라 힘들었고, 예상과 다른 친구의 답변에 서운함과 분노까지 느꼈다. 나쁜 감정과 싸우느라 즐거워야 할 등굣길이 엉망이 됐으니, 결국 가장 손해본 건 학생 자신이다. 과연 이 서운함과 분노가 합리적인 감정이었을까? 정말 피할 수 없는 불행이었을까? 한번쯤 따져볼 필요가 있다.

대화를 보면 알겠지만, 학생이 화가 난 이유는 친구가 '당연히 그래야 하는 것'을 하지 않았기 때문이다. 모든 일에는 마땅히 따라야 할 모범답안이 있다고 믿기에 정답과 다른 상황에 맞닥뜨리면 힘이 들고 화가 나는 것이다. '친구라면 당연히 관심과 배려를 보여야 한다.' 당신은 이 명제에 대해 어떻게 생각하는가? 지극히 맞는 말이라 생각한다면, 당신에게도 언제든 고통과 분노가 찾아들 수 있다.

당위성이란 '마땅히 그렇게 하거나 되어야 하는 것'을 뜻한다. 실제적인 근거는 없지만 당연히 그래야 하는 것, 그래서 당위성은 윤리나 도덕, 혹은 종교 같은 색채를 띤다. 친구라면, 애인이라면, 자식이라면, 부모라면, 사람이라면…… 마땅히 이래야 한다. 마치 인간의 자질을 따져 묻는 도덕 선생님이나 종교인처럼 삶에 날카로운 잣대를 들이댄다. 당위성은 "왜?"라는 질문을 거부한다. '부모님께 효도해야 한다. 남에게 피해를 주면 안 된다.' 이런 가르침에 "왜?"라는 질문을 던졌다가는 성격파탄자나 패륜아로 낙인찍히기 십상이다.

물론 세상에는 윤리나 도덕이 필요하다. 모든 사람들이 이유를 따지며 자신에게 이익이 되는 행동만 한다면 사회가 유지될 수 있겠는가. 그런데 완벽주의자의 문제는 이 당위성을 일상의 모든 일에 적용시킨다는 데 있다. 애인과 헤어질지 말지, 동아리를 탈퇴할지 말지, 휴학을 할지 말지, 이렇게 도덕이 개입할 여지가 없는 일상의 문제에까지 당위성을 적용시키기 때문에 사는 게 너무 힘들다.

완벽주의자에게는 매사가 너무 복잡하고 피곤하다. 그래서 쉽게 지치고 우울하며, 때로는 화가 난다. 상담을 하다 보면 애인의 어떤 행동 때문에 화가 난 학생들이 많은데, 대부분 "이래서 화가 나요"라고 말하지 않고 "이러면 안 되는 거 아닌가요?"라고 묻는다. 감정을 표현하기보다 옳고 그름을 따지는 습관, 이것이 전형적인 완벽주의다. 그럴 때마다 나는 "내가 화를 내도 되는 상황인지 판단하려 하지 말고, 있는 그대로의 감정에 집중하는 게 어떨까요?"라고 조심스럽게 충고한다.

세상 대부분의 일에는 옳고 그름이 없다. 밥을 먹고, 잠을 자고, 일을 하고, 누군가를 만나고, 대화를 나누는 것, 그것이 우리의 일상이며 일상에는 당위성이 낄 자리가 없다. 모든 일에 당위성을 따지는 태도야말로 완벽주의의 핵심이자 마음을 병들게 하는 가장 무서운 독이다. 완벽주의의 굴레에서 벗어나기 위해서는 자신이 당연하다고 믿는 모든 가치들에 "왜?"라는 질문을 던져야 한다. 만약 스스로를 납득시킬 만한 타당한 이유가 없다면 아무리 오랫동안 간직해온 믿음일지라도 과감히 폐기해야 한다.

내 선택이 오답일지 모른다는 두려움

—

완벽주의자는 항상 불안한데, 당위성에 대한 집착에서 그 원인을 찾을 수 있다. 모든 일에 정답이 있다고 믿다 보니 혹시 내 선택이 오답이 아닐까 불안할 수밖에 없는 것이다. 그래서 완벽주의자는 선택을 하기 전에도, 그리고 선택을 한 다음에도 끊임없이 의심하고 불안해한다. 그들을 사로잡는 가장 큰 불안은 "혹시 나중에 후회하면 어쩌지?"다.

"섣불리 헤어졌다가 나중에 후회하면 어쩌죠?"

"지금 힘들다고 동아리를 나갔다가 나중에 후회하면 어쩌죠?"

"정말 쉬고 싶긴 한데, 그래도 휴학했다 나중에 후회하면 어쩌죠?"

후회할지 모른다는 걱정이란 결국 지금 내 결정이 '좋은 선택'이 아닐지 모른다는 두려움이다. 이런 마음을 갖고 사는 사람에게는 '역시 내 선택이 옳았어'라고 생각할 날은 결코 오지 않는다. 정답이 없는 문제에서 정답을 찾다 보니, 내가 선택한 것은 모두 오답처럼 보일 수밖에 없다. 결국 '다르게 행동했다면 지금 훨씬 행복하지 않았을까?' 자문하며 끊임없이 스스로를 학대하게 된다.

　나 역시 그 고통을 너무나 잘 알기에 "후회하면 어쩌죠?"란 질문에 이렇게 대답한다.

　"지금 고민하는 문제에 정답은 없습니다. 좋은 선택과 나쁜 선택이 정해져 있는 것이 아니라, 본인 선택에 믿음을 가지면 그것이 정답이 되는 겁니다. 자신의 감정에 충실한 사람에게는 후회가 없습니다. 두려워하지 말고, 내가 진짜 원하는 것이 무엇인지 잘 생각해보세요."

감정 불감증,
논리는 나의 힘

●

　정신과 상담치료기법 중 가장 중요한 것이 '자유연상free asso-ciation'인데, 말 그대로 머릿속에 떠오르는 생각, 감정, 감각, 이미지를 있는 그대로 표현하는 방법이다. 그런데 의대생들에게는 이 자유연상이 너무 어렵다. 그들에게는 "아무 이야기나 해보세요"라는 말이 세상에서 제일 어려운 요구인 것이다. 전화번호부를 외워서 말해보라면 거뜬히 해낼 학생들이건만, 이 쉬운 요청 앞에 말문이 막힌다.

　자유연상을 계속해서 요구하면 결국 학생들 나름의 방법을 찾는다. 그 방법이란 대개 자신만의 규칙을 만들어 그 규칙에 맞게 이야기를 전개해나가는 것이다. 일주일 동안 있었던 일을 시간 순으로 이야기하거나 친구들을 친한 순서대로 소개하는 식으로 이야기를 풀어나가는데, 이야기의 짜임새가 놀랄 만큼 체계적이며 흐름 또한 흠잡을 데 없이 논리적이다. 사실 자유연상은 프로이트가 환자의 무의식에 접근하기 위해, 다시 말해 비체계적이고 비논리적인 이야기를 끌어내기 위해 만든 기법이기 때문에 의대생의 자유연상만큼 완벽하게 실패한 사례도 찾기 힘들 것이다. 논리로 무장한 사람에게 자유연상을 시키는 것은 코끼리를 냉장고에 넣는 것만큼이나 어려운 일이다.

당위성을 중시하기에, 완벽주의자의 겉모습은 대체로 침착하고 논리적이다. 강한 신념과 믿음을 가진 사람, 예를 들어 조선시대 선비나 그리스 철학자를 상상한다면 쉽게 이해될 것이다. 이런 이들은 자신만의 확고한 신념 체계를 갖고 있어 논리로는 도저히 당해낼 수가 없다. 선비나 철학자는 조금 극단적인 비유일수도 있지만, 적어도 대부분의 완벽주의자들이 겉보기에 차분한 것은 사실이다.

논리를 중시하는 사람에게 감정이란 이성을 가로막는 장애물일 뿐이다. 그래서 감정을 절제하려 노력하고, 심하면 짓누르고 탄압한다. 그런데 이 감정이란 녀석은 운전과 같아서 계속하지 않으면 결국 못 하게 되는 특성이 있다. 10년째 장롱면허인 사람이 "내가 운전을 안 해서 그렇지 막상 하면 잘할 수 있어"라고 말한다면, 당신은 그 말을 믿고 차에 탈 수 있겠는가? 오랫동안 안

하면 못 하게 되는 것이 세상 이치다. 감정 역시 계속해서 느끼고 표현하지 않으면 어느 순간 못 느끼게 된다. '내 감정을 내가 못 느낀다는 게 말이 돼?'라고 생각할지 모르지만, 분명히 그렇게 된다.

기분요? 그건 잘 모르겠는데요

학생 어제 제 방에 누워 있는데 갑자기 엄마가 들어오더니 제 가방을 뒤지는 거예요. 그래서 '뭐하는 거냐?'고 물었더니 제가 갖고 있는 엄마 카드를 찾아가려고 했대요. 그럼 저한테 달라고 하면 되지, 아무리 딸이라도 가방을 함부로 뒤지는 건 좀 아니지 않나요?

나 그랬군요. 그래서 기분이 어땠나요?

학생 기분요? 생각을 안 해봐서 잘 모르겠네요.

믿어질지 모르지만, 실제 학생과 나눈 대화다. 나 역시 처음에는 적잖이 당황했으나 상담일을 오래 하다 보니 이런 일이 너무 흔해 이제는 적응이 됐다. 우선 학생의 이야기 자체는 상당히 논리적이다. 상황 묘사도 구체적이고, 상황에 대한 반응 역시 타당해 보인다. 매우 설득력 있는 이야기임에도 불구하고 단 하나, 가장 중요한 감정이 빠져 있다. 내가 궁금한 것은 당시 상황이나 그에 대한 판단이 아니라 당사자의 감정인데, 가장 중요한 이야기가 나오지 않는 것이다. 결국 직접 물어봤지만 돌아오는 대답은 "모르겠다"뿐이었다.

학생의 이야기는 누가 들어도 '화가 났다'는 것을 알 수 있다. 모든 내용이, 심지어 학생의 말투조차 분노를 짐작케 함에도 정작 당사자는 자신의 감정을 모른다고 말한다. 그렇다면 왜 학생은 "엄마에게 화가 났다"는 말을 하지 못했을까? 여기서 일종의 무의식적 검열이 작동한다. '엄마에게 화를 내는 것은 옳지 못한 행동이다'는 생각이 감정 표현을 막는 것이다. 그래서 "엄마에게 화가 났어요"라고 말하면 될 일에 "딸의 가방을 뒤지는 것은 잘못된 행동입니다"라는 도덕 선생님 같은 말밖에 할 수 없는 것이다. 이런 식으로 말해서는 가슴이 후련해지지 않는다. 감정을 표현하면 간단히 해결될 문제에 시시비비를 가리는 것은 일을 복잡하게 만들 뿐이다. 이렇게 표현하지 못한 감정이 가슴에 남기 때문에 완벽주의자는 항상 답답함을 느낀다.

요약하면, 완벽주의자는 당위성을 중시하고 감정을 천대한다. 항상 느끼기보다 판단하려 한다. 그들의 말은 매우 논리적이고 체계적이지만 가장 중요한 감정은 빠져 있는 경우가 많다. 이렇게 감정을 억압하다 보면 결국 감정을 느끼는 법 자체를 잊어버리게 된다. 즉 '감정 불감증'에 걸린다는 뜻인데, 우리 주변에는 생각보다 이 병에 걸린 사람들이 많다.

내가 뭘 원하는지 모르겠어요

—

'감정'의 다른 말은 '욕구'다. 내가 어떤 기분을 느끼는지 알아야 내가 무엇을 원하는지 알 수 있기 때문이다. 그래서 완벽주의자들은 자신의 욕구를 제대로 인지하지 못한다. 실제 사례를 통해 '욕구 불감증'에 대해 알아보자. 다음은 휴학을 고민하다 상담실에 찾아온 학생과의 대화다.

학생 휴학에 대해 진짜 오랫동안 고민했어요. 각각의 장단점을 생각해봤는데, 휴학을 할 경우 재충전의 시간을 가질 수 있고 평소 제가 배우고 싶었던 것들을 배울 수 있다는 점이 좋아요. 그렇지만 졸업이 1년 늦어진다는 점, 그리고 후배들과 같이 학교를 다녀야 한다는 점은 마음에 걸려요. 학교를 계속 다닐 경우 새로운 환경에 적응할 필요가 없다는 점, 그리고 빨리 졸업해서 돈을 벌수 있다는 점이 장점이긴 한데, 지친 상태로 계속 학교를 다니면 공부나 동아리 활동에 충실하지 못할 거고, 그래서 유급을 하거나 평판이 나빠질 위험성도 있는 것 같아요.

나 정말 고민을 많이 한 것 같네요. 그래서 어떻게 하고 싶은 건가요?

학생 그걸 잘 모르겠어요. 이제 결정만 하면 되는데, 제가 진짜 원하는 게 뭔지 잘 모르겠어요.

상황을 분석하는 능력은 논문을 써도 될 정도로 출중하다. 그런데 정작 자신이 무엇을 원하는지는 모른다. 이것이 완벽주의자의 한계다. 항상 논리를 앞세우다 보니 막상 자신의 욕구는 느끼지 못하는 것이다. 정보를 수집하고 상황을 분석하면 자신이 원하는 것을 알 수 있을 거라 생각하지만, 마음이란 애초에 논리적인 것이 아니기에 분석하면 할수록 멀어질 뿐이다.

감정에게 원래 자리를 되돌려주는 것

———

완벽주의자의 마음은 논리와 판단으로 가득 차 있어 감정과 욕구가 들어갈 틈이 없다. 그런데 중요한 것은 그 자리가 원래 감정의 자리라는 것이다. 굴러온 돌이 박힌 돌을 빼고 주인 행세를 하는 셈인데, 원래 일상의 주인공은 감정과 욕구라는 사실을 잊어서는 안 된다.

바람직한 길보다 행복한 길을 가라. 옳은 일보다 내가 하고 싶은 일을 선택하라. 이것이 가장 단순한 행복의 비결이다. 세상에는 정답이 없다. 그러니 내가 고른 것이 오답일까 두려워할 필요도 없다. 나의 감정과 욕구에 부합하는 것, 다시 말해 나의 마음을 채워주는 것이 곧 정답이다. 확실한 것이라곤 없는 세상에서 유일하게 확신할 수 있는 것은 내 마음뿐이다. 생각을 멈추고 감정에 귀를 기울이는 것이야말로 완벽주의 극복을 위한 가장 가치 있는 첫걸음이다.

실 수 도 실 력 ,
타 인 의 눈 으 로 자 신 을
평 가 하 다

●

완벽주의는 그 정의상 '결점과 흠이 없는 상태를 추구하는 태도'다. 그래서 완벽주의자가 가장 두려워하는 것이 실수다. 혹시 내가 잘못한 건 없을까? 혹시 흠잡을 만한 구석은 없을까? 완벽주의자가 항상 스스로에게 던지는 질문이자 근원적인 두려움이다.

이런 두려움을 가진 사람은 어떤 행동을 할까? 나에게 흠이 없는지, 실수한 부분은 없는지 확인하고 싶을 것이다. 그래서 '객관적인' 평가에 집착하는데, 결국 객관성이란 타인의 눈을 통해서만 담보될 수 있기에 남의 시선을 의식할 수밖에 없다. 타인의 시선으로 자신을 평가하는 것이야말로 실수를 방지할 수 있는 가장 확실한 방법이라 생각하는 것이다.

그런데 불안감이란 한 번 확인한다고 없어지는 것이 아니다. 나에 대한 평가는 사람마다 다를 수 있고, 같은 사람의 평가라도 오늘과 내일이 다를 수 있다. 그래서 완벽주의자는 자신에게 결점이나 실수가 없는지 반복해서 확인하려 한다.

1. 실수를 극도로 두려워한다.
2. 남의 시선을 지나치게 의식한다.
3. 남이 나를 어떻게 생각하는지 끊임없이 확인하려 한다.

두려워하기, 의식하기, 확인하기, 이 세 가지 특징이 결국 하나로 얽혀 있다. 두렵기 때문에 신경 쓰고, 신경 쓰이기 때문에 확인한다는 뜻이다. 그럼 이제 각각의 특징이 실생활에서 어떤 모습으로 나타나는지 하나씩 살펴보기로 하자.

작은 차이가 명품을 만든다는 믿음

——

다음은 학업 고민으로 찾아온 학생과 나눈 대화의 일부다.

학생 공부할 때 오래 집중하지 못하고 스마트폰을 자주 봐서 고민이에요.

나 얼마나 자주 보나요?

학생 공부를 시작하면 최소 한두 시간은 집중력을 유지해야 할 것 같은데, 저는 그 사이에도 몇 번씩 스마트폰을 봐요.

나 한번 보면 오랫동안 보나요?

학생 그런 건 아니고 메시지 확인하거나 뉴스 잠깐 보는 정도죠.

나 물론 오래 집중한다면 더 좋겠지만, 스마트폰 잠깐씩 보는 게 큰 문제는 아닌 것 같은데. 다른 친구들도 대부분 그 정도는 보지 않나요?

학생 물론 그렇긴 한데 제가 좀 더 많이 보는 것 같기도 해서……어쨌든 다 똑똑한 애들이고 다들 열심히 하니까 이런 작은 차이에서 성적이 판가름 나지 않을까요?

요즘 학생들치고 스마트폰 자주 보지 않는 사람 있겠는가. 내가 보기엔 지극히 정상인데도 학생은 스마트폰을 자주 보는 것이 자신의 결점이라 말한다. 설사 결점이라 해도 그다지 큰 결점은 아니라는 것을 스스로도 인정하지만, 이상하게 불안감이 줄어들지 않는 것이다. 학생의 마지막 말에 그 해답이 있는데, '작은 실수가 결과를 판가름한다'는 믿음이 불안감을 악화시키는 원인임을 짐작할 수 있다.

누구나 실수를 두려워한다. 그런데 완벽주의자는 작은 실수도 지나치게 두려워한다는 점에서 문제가 된다. 이들은 왜 작은 실수 하나에도 세상이 무너질 것처럼 걱정하는가? 정말 작은 실수 때문에 세상이 무너질 수도 있다고 믿기 때문이다. 공장에서 작은 흠 때문에 제품 전체를 폐기하는 것처럼, 작은 실수가 결과를 완전히 뒤바꿀 수 있다고 믿으니 완벽함에 집착할 수밖에 없는 것이다.

"대세에는 지장 없다." 작은 실수에도 전전긍긍하는 사람들에게 꼭 해주고 싶은 말이다. 세상에는 순리라는 게 있다. 작은 실수는 작은 결과를 만들고, 큰 실수는 큰 결과를 초래하는 것이 세상의 이치다. 작은 차이가 모든 것을 바꾼다는 생각은 지나치게 드라마적인 상상력이다.

여기 하루 종일 거울을 보는 사람이 있다. 혹시 머리가 흐트러지지 않았는지, 얼굴에 뭐가 묻진 않았는지, 하루에도 수십 번씩 확인한다. 이 사람은 대체 왜 이러는 걸까? 직접 물어본다면 아마 "사람들이 이상하게 볼까봐"라고 답할 것이다. 그럼 다시 한 번 묻고 싶다. 헤어스타일이 조금 흐트러진 게 외모에 큰 지장을 줄까? 머리가 조금 흐트러졌든 얼굴에 뭐가 묻었든, 잘생긴 사람은 여전히 잘생겼고 못생긴 사람은 여전히 못생겼다. 대세에는 지장을 주지 않는다. 그러니 제발, 사소한 것에 집착하지 마라. 제발 사소한 실수를 두려워하지 마라. 사소한 실수는 사소한 결과를 초래할 뿐, 당신의 인생을 바꾸지 않는다.

타인의 평가만이 나의 가치를 증명한다

—

"사람들이 이상하게 생각하면 어쩌죠?"
"사람들이 흉볼 것 같아서요."
"사람들이 수군대는 것 같아요."
"사람들이 다들 그렇게 생각하니까……."

상담실을 찾는 학생들의 말투에는 묘한 공통점이 있는데, 대표적인 것 중 하나가 '사람들'이란 단어를 무척 많이 사용한다는 점이다. 주로 자신을 비난하거나 평가하는 사람들을 묘사할 때 사용되는데, 마치 '사람들'이라는 명찰을 단 심사위원이 자신을 관찰하고 있는 듯이 표현하는 경우가 많다. 그래서 이들은 행동 하나도 자유롭지 못하다. 애인과 헤어지지 못하는 것도, 동아리를 탈퇴하지 못하는 이유도, 휴학을 망설이는 까닭도 "사람들이 이상하게 생각할까봐"인 경우가 대부분이다.

그런데 이들의 말을 자세히 들어보면 이 '사람들'의 실체가 불분명하다. 특정 인물을 지칭한다기보다는 자신이 갖고 있는 막연한 느낌을 표현하는 경우가 대부분이다. 한 학생과의 대화를 예로 들어보자.

학생 개인적으로 하고 싶은 게 있어서 1년 정도 휴학을 했으면 하는데, 막상 휴학하려니 마음에 걸리는 게 많아요.

나 뭐가 제일 마음에 걸리나요?

학생 여러 가지가 있지만, '사람들이 이상하게 생각하지 않을까?' 하는 걱정이 제일 커요.

나 뭘 그리 이상하게 생각하겠어요. 사정이 있어서 휴학을 했구나, 이 정도 생각하겠죠. '사람들'이라고 했는데 정확히 어떤 사람이 그럴 것 같은지 머릿속에 떠오르는 얼굴이 있나요?

학생 아니요. 특별히 누굴 생각한 건 아니고, 그냥 제가 평소에 밝고 활동적인 이미지니까 갑자기 휴학하면 사람들이 수군거리지 않을까 싶어서요.

결국 학생이 말하는 '사람들'의 실체는 없다. 대학생이 휴학을 하는 것이 그리 특별한 일도 아닌데 누가 군이 그걸 끄집어내서 흉을 본단 말인가. 사람들은 그렇게 한가하지 않거니와, 나에게 그다지 관심도 없다. 이상하게 생각하는 것은 '사람들'이 아닌 '나 자신'뿐이다. 결국 스스로 갖고 있는 휴학에 대한 불안감을 '사람들'의 이름을 빌려 포장하는 것에 불과하다. "내가 휴학에 대한 확신이 없다"고 말하면 될 것을 "사람들이 이상하게 생각한다"고 거짓말하는 것이다. 물론 학생이 일부러 거짓말했다는 뜻은 아니다. 분명 학생 스스로는 '사람들'의 존재를 굳게 믿고 있겠지만, 결국 나의 불안감이 만들어낸 허상에 지나지 않는다.

완벽주의자는 자기 확신이 부족하다. 원래 확신이 부족할수록 객관적 데이터에 집착하는 법, 그래서 완벽주의자는 타인의 평가에 무척이나 민감하다. 항상 남의 시선을 의식하고, 남이 자신의 결점이나 실수를 발견하지 않을까 전전긍긍한다. 타인의 시선을 통해서만 나를 객관적으로 볼 수 있다 굳게 믿는 것이다.

남의 시선을 의식하다 보면 누군가 항상 나를 지켜보고 있다는 착각에 빠지기 쉽다. 물론 옛 선현의 가르침에 "주위에 아무도 없어도 누군가 자신을 지켜보는 것처럼 몸가짐을 바르게 하라"는 말이 있지만, 지켜보는 사람이 있는 것'처럼' 행동하는 것과 지켜보는 사람이 있다고 '믿는' 것은 전혀 다르다. 항상 남의 시선을 의식하면서 불안해하는 것은 선비보다는 환자에 가까운 행동이다.

완벽주의자들이 불안해하는 이유를 살펴보면 그 기저에 '사람들의 관심에 대한 과대평가'가 깔려 있음을 알 수 있다. 사람들이 나를 존경하고 우러러본다 착각하는 것도 문제지만, 누군가 나를 책잡으려 눈을 부릅뜨고 지켜본다는 것 또한 대단히 위험한 착각이다. 이런 마음으로는 한시도 편하게 살 수 없다.

"며칠 전 술자리에서 선배 한 명이 저한테 '너는 참 특이해'라고 하더라고요. 술 먹다가 웃으면서 한 말이긴 한데, 그래도 무슨 의미가 있는 것 같아요. 이걸 어떻게 받아들여야 할까요?"

"학교에서 저까지 3명이 같이 다니거든요. 근데 어제 도서관에서 공부하다가 친구 둘이 같이 나가더라고요. 잠깐 쉬러 나간 거고 금방 들어오긴 했는데 저한테는 같이 나가자고 안 물어봤거든요. 별일 아닌데도 되게 신경 쓰여요. 나한테 서운한 게 있나? 내가 잘못한 게 있나? 이런 생각이 들어서요."

상담을 하다 보면 이런 고민을 토로하는 학생들을 종종 본다. '지나친 걱정', '불필요한 불행'의 전형적인 사례인데, 이들에게는 누군가의 사소한 말이나 행동도 잠 못 들게 하는 고민거리가 되는 것이다. 이럴 때 나는 이렇게 대답한다.

"아무 의미 없는 것 같은데요. 그냥 별생각 없이 한 말이겠죠.

아마 그 사람은 기억도 못 할 겁니다."

완벽주의자들은 타인의 사소한 말이나 행동에도 의미를 부여하는 습관이 있다. 술자리에서 툭 던진 말, 도서관에서의 우연한 동행에 뭐 그리 대단한 의미가 있겠는가. 숨은 의미가 있을 거라는 착각을 버려야 한다. 모든 것을 '있는 그대로' 받아들이는 것이야말로 행복의 필수조건이다.

대부분의 사람들은 나에게 관심이 없고, 관심이 없기에 나를 제대로 평가할 수도 없다. 나의 가치를 제대로 평가할 수 있는 사람은 나 자신뿐이다. 결점이 있고 실수를 해도, 내가 괜찮다고 생각하면 괜찮은 것이다. 사랑에 이유가 필요하지 않듯, 자기 확신에도 근거가 필요 없다. 남의 눈을 의식하지 말고 자신을 믿어라. 거울에 비춰보지 않아도 나는 여전히 나다. 유명한 성경 구절처럼, "보지 않고도 믿는 자에게는 복이 있나니."

돌다리도 두드려본다, 무너질 때까지

앞서 말했듯, 완벽주의자는 자신의 가치를 남에게 확인받고 싶어 한다. 그런데 이 확인에는 끝이 없다. 자신에게 흠이 없는지 확인하는데, 문제는 흠이 발견될 때까지 확인한다는 데 있다. 아무리 튼튼한 돌다리도 무너질 때까지 두드리는 사람에게는 버틸 재간이 없다.

여기 케이크를 무척 좋아하는 한 사람이 있다. 어느 날 케이크를 하나 사서 내일 아침에 먹을 생각으로 냉장고에 넣어놓았다. 그런데 '혹시 케이크를 못 먹게 되면 어떡하지?' 하는 걱정에 잠이 오지 않았다. 그래서 10분마다 냉장고를 열어 케이크가 잘 있는지 확인했다. 다음 날 아침, 냉장고 문을 너무 많이 열었던 탓에 케이크가 상해버렸다. 결국 자신이 우려했던 대로 케이크를 못 먹게 된 것이다.

이 경험을 통해 '내가 너무 자주 확인하는 바람에 케이크가 상해버렸구나. 앞으로는 확인하지 말아야지'라고 생각한다면 더할 나위 없이 좋겠지만, 우리 주인공은 '역시 내가 걱정했던 게 맞았어. 앞으로는 더 자주 확인해야겠어.'라고 생각하며 5분마다 냉장고를 열어보고 있다.

마치 탈무드나 이솝 우화에 나오는 이야기 같지 않은가? 이 이야기를 읽고 참 바보 같은 사람이라 생각하겠지만, 가장 많이 배우고 똑똑한 사람들 사이에서도 이런 일들이 심심치 않게 벌어진다.

내 경험에 의하면 연인들이 헤어지는 가장 흔한 이유 중 하나가 '사랑을 확인하려는 지나친 욕구' 때문인데, 특히 완벽주의자의 연애에서 이런 일이 흔히 발생한다. 여러모로 빠지는 것 없는 멋진 젊은이가 연애만 하면 끊임없이 상대의 사랑을 확인하려 한다. 이런 현상은 남녀 불문하고 나타나는데, 꼭 "나 사랑해?"라고 묻는 방식이 아니어도 갖가지 방법으로 사랑을 확인하려 한다.

완벽주의자는 자기 확신이 부족하기 때문에 항상 자신이 모르는 결점이나 실수가 있을까 두려워한다. 그래서 연인이 자신의 결점을 본 건 아닌지, 사랑이 식은 건 아닌지 계속해서 확인하고 싶은 것이다. 보통 이런 사람들은 연인에게 무리한 요구를 하거나 혹은 완전한 자유를 준 후 어떻게 행동하는지 지켜본다. 나를 대하는 태도가 이전과 같은지, 혹시 미묘한 변화는 없는지 끊임없이 확인하려 하는데, 결국 이런 태도가 상대를 지치게 한다. 테스트당하는 것을 좋아할 사람이 어디 있겠는가? 결국 상대는 변하고 마는데, 상처받은 완벽주의자는 마음을 달래며 이렇게 다짐한다. '역시 믿지 못할 사람이었어. 앞으로는 더욱 신중해야겠어.' 자신의 신중함이 관계를 망친 줄도 모르고 더욱 신중하려 하는 것, 결국 냉장고 앞을 지키는 우화 속 주인공과 크게 다르지 않다.

완벽주의자는 항상 확인하려 하지만, 그 확인은 언제나 실패로 끝난다. 세상에 완벽한 것은 없는 법인데, 흠을 찾으려 쌍심지를 켜고 덤비는 사람에게 당해낼 재간이 있겠는가. 이들이 찾으려 하는 것은 '나에게 문제가 있다는 증거' 혹은 '다른 사람이 나를 안 좋게 생각한다는 증거'다. 이를 찾아내는 방식은 장관 인사 청문회에 임하는 반대 당 국회의원들만큼이나 집요하기 짝이 없다. 내가 괜찮은 사람인지, 나에게 문제는 없는지 끝없는 검증이 이어진다. 국회의원들이야 국민을 대표해 공직자를 철저히 검증하는 것이 마땅하지만, 내가 내 자신에게 그렇게 가혹할 필요가 있겠는가.

검증을 통해 완벽해질 수 있다면 누가 검증을 마다하겠나. 세상에 완벽한 것은 없다. 그러니 한 번뿐인 인생을 낭비하지 말고 그냥 즐겨라. 행복은 확인하는 것이 아니라 누리는 것이다.

노력중독,
고생 끝에 낙이 온다?

●

"방학이라고 마냥 쉬어선 안 될 것 같아요. 지금 어떻게 노력하느냐에 따라 미래가 결정되는 거잖아요. 다음 학기 과목을 미리 공부해볼까 했는데 그것보다는 좀 더 멀리 보고 싶어요. 그래서 미국의사고시를 준비해볼까 해요. 외국에 나갈 생각은 없지만, 그래도 미래는 모르는 거니까 준비해서 나쁠 건 없잖아요."

의대생들은 학기 중에는 무척 바쁘지만 방학 때는 타과 학생들에 비해 여유롭다. 그런데도 많은 학생들이 방학에도 맘껏 놀지 못하거나, 설사 놀더라도 불편한 마음으로 논다. 할 일이 없으면 할 일을 만들어서라도 하는 것이 의대생의 특성인데, 자주 그 대상이 되는 것이 미국의사고시다.

'USMLE US Medical Licensing Examination'라 불리는 미국의사고 시는 말 그대로 미국의사면허증을 취득할 수 있는 시험이다. 한 국을 포함한 외국 의사면허 소지자도 몇 가지 조건을 충족하면 시험에 응시할 수 있는데, 대한민국에서 의학교육을 받은 사람이 라면 합격하기 그리 어렵지 않다. 그러나 언어와 거리의 장벽은 엄연히 존재한다. 시험의 난이도는 한국의사면허시험과 비슷하 지만 영어가 안 되면 합격하기 어렵고, 무엇보다 시험을 보러 몇 번씩 미국에 다녀와야 한다.

시간과 돈은 둘째 치더라도, 미국의사고시는 말 그대로 미국 의사를 뽑는 시험이다. 미국을 포함한 해외에서 의사 생활을 하 려면 가장 필요한 자격증인 건 분명하지만, 한국에서 의사로 사 는 데는 전혀 필요도 없고 도움도 되지 않는다. 그런데도 많은 학 생들이, 외국에서 살 생각이 전혀 없는 학생들까지 이 시험을 준 비한다. 그래서 방학 동안 영어학원에 다니고 스터디 모임을 만 들고, 또 사전시험pre-test을 보러 미국에 다녀오기도 한다.

학생들이 글로벌 마인드를 갖는 것은 좋은 일 아니냐고 반문 할지 모르나 내가 보기에는 너무 비생산적이다. 심신을 재충전하 고 사랑하는 사람들과 행복한 시간을 보내기에도 모자랄 시간에 써먹을 일도 없는 자격증을 따러 다니는 것은 바보 같은 짓이다. 혹시 나중에 외국에서 살고 싶은 마음이 생긴다면 그때 준비하면 될 일, "준비해서 나쁠 것 없잖아요"란 말은 뭔가 궁색하다.

"열심히 하면 다 써먹을 데가 있다."
"그냥 노는 것보다 뭐라도 하는 게 낫다."
"면허증 못 따도 영어가 남지 않냐."

내 귀에는 모두 변명으로 들린다. 어떤 말로 포장을 해도, 결국 '노력중독'일 뿐이다. 여러모로 중독이 문제인 세상이다. 알코올중독, 약물중독, 드라마중독, 게임중독, 인터넷중독, 설탕중독, 운동중독, 여행중독……. 사회가 다변화된 만큼 중독의 종류도 무척이나 다양하다. 심지어 '현대인은 모두 무언가에 중독되어 있다'는 말까지 나올 정도다.

중독의 핵심은 '통제력의 상실'에 있다. 내가 대상을 주체적으로 이용하지 못하고 대상에게 지배받으면 중독이 되는 것이다. 즉 수단이 목적이 되는 것이 문제다. 허심탄회하게 이야기 나누려 한두 잔 마시던 술이 어느 순간 목적이 되면 알코올중독에 빠진다. 좋은 추억을 공유하기 위해 시작한 SNS지만 어느 순간 SNS에 올리기 위해 추억을 만들고 있다면 중독을 의심해야 한다.

'통제력의 상실'이 중독의 핵심인 만큼, 그 대상이 무엇이냐는 중요하지 않다. 대상이 아무리 좋은 것이라도 중독이 되는 순간 똑같이 유해성을 지닌다. 다시 말해, TV중독이나 독서중독이나 나쁜 것은 매한가지다. 책은 지식의 보고이고 TV는 바보상자기 때문에 독서중독은 좋고 TV중독은 나쁘다고 생각한다면 큰 오산이다.

"노력중독이라니 뭔가 멋지다."
"이왕 중독될 거면 노력중독이 낫겠다."
"열심히 살면 뭐라도 남는 게 있잖아."

혹시라도 이렇게 생각한다면 당장 생각을 고쳐먹어야 한다. 노력중독은 알코올중독이나 마약중독과 똑같이 내 몸과 마음을 병들게 하는 질환이다. 노력이란 애초에 목적이 될 수 없다. 노력은 무언가를 얻기 위한 과정 아닌가. 그런데도 많은 이들이 노력이 목적인 것처럼 행동한다. 무엇을 위해 노력하는지 정확한 목표 설정도 없이 그냥 '노력하는 것'을 목적으로 삼는다. 그리고 "정확히는 모르겠지만 노력하다 보면 좋은 결과가 있을 거야"라고 말한다.

내가 만난 많은 의대생들은 미국의사고시 혹은 다른 무언가를 준비하느라 방학 때도 쉬지 못했다. 준비해야 할 것, 노력할 일이 너무 많아서 자신의 마음을 돌아볼 시간도, 주변에 있는 행복을 느낄 여유도 없는 것 같았다. 진부한 말이지만, 한 번 흘러간 시간은 돌아오지 않는다. 막연한 미래를 위해 노력하기보다 지금 내 앞에 있는 행복을 손에 쥐는 것이 현명한 삶이다.

노력은 행복한 미래를 보장해줄까?
—

"막연한 미래를 위해 확실한 현재의 행복을 포기하지 마라."

대한민국 모든 학생들에게 해주고 싶은 말이다. 다행히 요즘 젊은이들 사이에 이런 마인드가 퍼져가는 것 같다. 소소하지만 확실한 행복, '소확행'이라는 신조어가 유행하고 있는 것만 봐도 젊은이들의 가치관이 변하고 있음이 분명해 보인다. 물론 '소확행' 문화에 대한 반론도 만만찮게 존재한다. "꿈도 비전도 없이 당장의 자극만을 추구하는 삶"이나 "게으른 사람들의 자기 합리화"라고 비판하는 사람들도 적지 않다.

내가 만난 대부분의 학생들은 '소확행'의 열렬한 추종자도 비판가도 아니었다. 현실의 행복을 중시하지만 미래를 위한 준비도 소홀히 할 수 없다 생각하는 평범하고 성실한 대한민국 젊은이들이었다. 그런데 직업에 대한 중압감 때문인지 '현재'보다는 '미래'에 조금 더 초점이 맞춰져 있었다. 학생들은 평범한 대화 중에도 '노력, 성취, 발전' 같은 단어를 자주 사용했고, 현재의 행복을 조금 희생해서라도 더 나은 미래를 열어야 한다고 여겼다. 여기에는 한 가지 맹점이 존재하는데, 바로 노력과 성공이 비례하지 않을 가능성을 간과했다는 점이다.

학생들은 '노력한 만큼 보상받는다'는 강한 믿음을 갖고 있는 듯 보였다. 그래서 뭔가에 중독된 사람처럼 노력하고 또 노력했다. 그것이 미래의 성공을, 그리고 행복을 보장해 줄 거라 믿는 것 같았다. 그런 학생들을 보는 내내 마음이 편치 않았다. 아이들을 속이는 못된 어른이 된 것 같았기 때문이다. 학생들에게 진실을 말해줘야 할 것 같았다. "착한 일을 해야 산타할아버지가 선물을 주신대"라는 거짓말은 하고 싶지 않았다.

"사실 산타는 없단다. 물론 네가 착한 일을 하는지 나쁜 일을 하는지 지켜보는 사람도 없지. 사실 네가 어떻게 행동하는지와 선물은 별로 관계가 없어. 그냥 부모님이 선물을 주고 싶으면 주시고, 주기 싫으면 안 주시는 거야."

냉정하게 들리겠지만, 사실이 그렇다. 노력과 성공은 큰 관련이 없다. 나쁜 짓을 많이 하면 부모님이 선물을 안 줄지도 모르지만, 대부분 주기로 마음먹은 선물은 어떻게든 주게 돼 있다. 아쉽게도 나의 미래는 나의 노력과 관계없는 요소들로 결정될 때가 많다. 운칠기삼運七技三, 운이 칠이고 노력이 삼이라는 말처럼 살아가면서 일어나는 일의 성패는 노력에 달려 있지 않다. 물론 열심히 노력해서 3할이라도 갖춰놓으면 좋겠지만, 아무리 노력해도 안 될 일은 안 되고, 노력하지 않아도 될 일은 된다.

내 의견이 너무 극단적이라 느끼시는 분이 많을 것이다. 충분히 일리 있는 비판이다. 그럼에도 이렇게 말하는 이유는 너무 많은 학생들이 노력이 모든 것을 해결해줄 거란 환상을 갖고 있기 때문이다. 강한 산을 중화시키려면 강한 알칼리가 필요하듯 극단적인 생각에는 또 다른 극단이 필요하다. 노력이 전부냐 운이 전부냐, 아마도 진실은 중간 어디쯤에 있을 것이다. 그럼에도 나는 학생들에게 이렇게 말하고 다닌다. "노력은 아무것도 보장해주지 않습니다."

오늘의 노력이 쌓여 내일이 된다는 믿음

완벽주의자는 '운칠기삼'과는 정반대의 세계관을 가지고 있다. 고진감래苦盡甘來, 인과응보因果應報, 사필귀정事必歸正, 이것이 완벽주의자가 좋아하는 사자성어들이다. 세상이 잘 짜인 인과관계 속에서 돌아간다는 강한 믿음, 그것이 완벽주의자의 세계관이다.

'인과관계에 대한 믿음' 때문인지 몰라도, 완벽주의자는 모든 일을 드라마틱하게 묘사하는 경향이 있다. 별것 아닌 일에도 의미를 부여한다는 뜻인데, 사실 소설이나 드라마 속에는 결코 우연한 일이 없다. 무심코 내뱉은 말이나 작은 행동 하나도 미래를 암시하는 복선으로 작용하기에 독자 입장에서는 작은 사건 하나에도 집중할 수밖에 없는 것이다.

공포영화 팬들 사이에 이런 우스갯소리가 있다. 영화 속에서 이런 행동을 한 사람은 꼭 죽는다는 것인데, 대표적인 것으로는 "세상에 귀신이 어디 있어?" 하며 센 척하기, 혼자 노래 부르며 샤워하기, 공공장소에서 애정행각 벌이기, 곧 돌아온다고 말하기 등이 있다. 이것이 농담으로 받아들여지는 것은 그만큼 영화 속 세상과 현실이 다르기 때문이다. 현실에서는 이런 이야기를 한다고 죽지 않는다. 오늘의 행동이 내일의 복선으로 작용하는 것은 영화 속에서나 가능한 이야기다.

그럼에도 많은 학생들이 인과관계에 대한 믿음을 버리지 못한다. '노력은 배신하지 않는다'고 들으며 자랐기 때문인데, 대체로 어른들이란 '운칠기삼'을 믿으면서도 '고진감래'를 가르치는 경향이 있다. 내가 만난 학생 한 명도 그런 믿음을 가진 사람이었다. 자신의 노력이 좋은 미래를 보장할 거라 믿으며 끊임없이 자신을 채찍질하는, 그런 선량한 학생이었다.

학생 성적을 더 올려야 할 것 같은데 쉽지가 않네요.

나 지금 성적도 괜찮지 않나요?

학생 지금은 20등 언저린데, 한번쯤 10등 안에 들어보고 싶어요.

나 20등도 상위권인 것 같은데, 특별히 성적을 더 올리고 싶은 이유가 있나요?

학생 성적을 잘 받아놔야 나중에 원하는 과를 갈 수 있잖아요.

나 특별히 가고 싶은 과가 있나요?

학생 지금은 없지만 나중에 생겼을 때를 대비해서요.

나 요즘 대부분의 과들이 경쟁 없이 들어가는 추센데. 그럼 본인이 알기에 20등이면 못 가고 10등이면 갈 수 있는 과가 있나요?

학생 그런 것은 없지만⋯⋯.

나 그런 과도 없을뿐더러, 레지던트 선발에는 학부성적이 들어가지 않아요.

학생 그것도 알고는 있는데, 그래도 영향이 좀 있지 않을까 싶어서⋯⋯. 사실 레지던트는 그냥 핑계인 것 같아요. 그냥 10등 안에 한번 들어보고 싶어요. 왠지 그 정도는 해야 제대로 공부한 것 같아요.

노력하면 좋은 일이 생길 거라 덮어놓고 믿는 것은 현재의 행복을 갉아먹는 나쁜 습관이다. 많은 학생들이 '조금 더 위로 올라가고 싶다'는 막연한 욕망에 사로잡혀 괴로워한다. 학업 스트레스에 짜증이 늘고 잠을 설치면서도 그저 더 열심히 해야 한다고 생각한다. 물론 미래를 위해 열심히 사는 것은 좋다. 하지만 그 노력이 현실을 잠식할 정도가 되어서는 안 된다. 그래서 나는 학생들에게 다음과 같이 충고한다.

"공부 열심히 하세요. 그렇지만 성격을 버릴 정도로 열심히 하지는 마세요."

오늘을 살며 내일을 기대하자

현실은 영화나 소설 같지 않다. 사건과 사건이 톱니바퀴처럼 이어지지 않을뿐더러, 여간해선 대단히 위험한 일도 대단히 신나는 일도 일어나지 않는다. 박인환의 시 〈목마와 숙녀〉의 한 구절을 인용하면, 인생이란 '그저 낡은 잡지의 표지처럼 통속적인 것', 그저 그런 일들의 반복이다.

노력은 분명 가치 있는 것이지만, 성공을 보장하지는 못한다.

만약 노력 자체로 행복하다면, 그래서 어떤 결과에도 후회하지 않을 자신이 있다면 얼마든지 노력해도 좋다. 그러나 노력이 성공을 보장해줄 거란 믿음 때문이라면 당장 멈추길 바란다. 노력은 아무것도 보장해주지 않는다.

이렇게 얘기하면 대단히 비관주의자 같지만, 현실을 직시한다고 해서 꼭 비관주의자일 필요는 없다. 인생이 짜여진 각본 같지 않다는 것, 그래서 미래를 예측할 수 없다는 것, 어찌 보면 신나는 일 아닌가? 나의 오늘과 내일은 톱니바퀴의 부속품이 아니다. 나의 하루하루는 솜사탕 기계 속에 넣어진 재료들과 같아서 주인의 손짓과 바람 그리고 우연이 섞여 갖가지 모양의 인생으로 재탄생한다. 그래서 인생은 신나는 것이다. 솜사탕 기계 앞에서 자신의 몫을 기다리는 어린아이처럼 무엇이 나올지 모르는 설렘이 있기 때문이다. 잊지 말아야 할 것은 어떤 모양의 솜사탕이 나오더라도 달콤함에는 변함이 없다는 점이다. 그래서 우리는 어떤 순간에도 삶을 두려워할 필요가 없다. 오늘을 즐기며, 내일을 기대하자. 그것이 삶에 대한 최고의 예우다.

Give & Take,
관계란 주고받는 것

●

완벽주의자는 수학을 좋아한다. 정확한 근거를 제시할 순 없지만, 분명히 그렇다. 의대생들의 수학 사랑 역시 남다른 편인데, "고등학교 때 수학을 제일 좋아했어요. 수학 문제를 풀면 마음이 편해져요."라고 말하는 학생들은 수도 없이 많고, 전공과 무관한 수학 과목을 무려 '선택교양'으로 찾아 듣는 학생들까지 있을 정도다. 이들 스스로도 자신이 수학에 끌리는 이유를 정확히 설명하지 못하는데, 많은 학생들의 이야기를 종합해보면 수학의 '딱 떨어지는 맛'을 좋아하는 것 같다.

왕년에 수학 문제집 좀 풀어본 사람이라면 어려운 문제를 끙끙대며 풀다 0이나 1같이 딱 떨어지는 답이 나왔을 때의 쾌감을 기억할 것이다. 딱 떨어지는 정답, 거기서 느껴지는 후련함이 많은 학생들이 수학을 좋아하는 이유가 아닐까 추측해본다.

그래선지 완벽주의자들은 인간관계도 '딱 떨어지는 느낌'을 좋아한다. 모든 관계를 Give & Take, 즉 주고받는 것으로 보는 경향이 있는데, 줄 것도 받을 것도 없는 깔끔한 상태를 가장 안정적인 관계로 여긴다. Give & Take를 중시하는 것은 관계를 계산적으로 생각하는 것과는 다르다. 일반적으로 '계산적인 사람' 하면 지나치게 이해득실을 따지고 모든 관계를 자신의 이익을 위해 이용하는 속물적인 사람을 의미하는데, 완벽주의자는 절대 그런 사람이 아니다.

완벽주의자가 인간관계를 '계산적'으로 보는 것은 사실이나, 앞서 말한 일반적 의미의 '계산적인 관계'와는 전혀 다른 개념이다. 자신의 이익을 위해 계산기를 두드리는 것이 아니라, 그저 깔끔한 관계를 좋아하기에 균형을 맞추려 노력할 뿐이다. 실제로 완벽한 균형을 맞출 수 없을 때 대부분의 완벽주의자들은 자신이 손해 보는 쪽을 택한다.

계산이 정확하다

———

"저희 강의실 앞에 자판기가 하나 있는데 친구들끼리 자주 음

료수를 뽑아 마셔요. 근데 친구 중에 현금이 없다고 자주 오백 원
이나 천 원씩 빌리는 애가 있어요. 얘는 좀 스타일이 그걸 돈으로
갚기보다 한 번 얻어먹으면 한 번 사주고, 이렇게 하거든요. 구두
쇠는 절대 아니고, 따져보면 자기가 얻어먹은 것보다 더 많이 사
요. 근데 저는 그게 너무 불편해요. 그 돈을 꼭 받고 싶다기보다
는…… 그냥 그 상황 자체가 불편해요."

전형적인 완벽주의자로 진단했던 학생이 상담 중에 꺼내놓은
이야기다. 이제 완벽주의자가 인간관계를 '계산적'으로 본다는
말이 어떤 의미인지 이해할 수 있겠는가? 학생의 마음이 불편한
것은 '돈이 아까워서'나 '친구의 행동이 얄미워서'가 아니다. 계산
이 맞지 않는 상황, 다시 말해 균형이 깨진 상태가 불편한 것이다.
물론 이런 상황에서는 누구나 불편함을 느낄 수 있다. 단정적
으로 말하면, 빌린 돈을 정확히 갚지 않는 친구의 행동에 분명 문
제가 있다. 그러나 어쩌겠는가, 살다 보면 이 정도 일은 일상다반
사인 것을. 오백 원을 바로 받지 못하고 다음번 음료수 마실 때까
지 기다려야 하는 정도는 '극복해야 할 스트레스'다. 피할 수 없
다면 이겨내야 한다. 잘못은 남이 했더라도 내 마음의 평화를 유
지해야 할 최종 책임은 나에게 있는 것이다.
완벽주의자의 문제는 이런 상황에서 유난히 불편함을 느낀다

는 데 있다. 조금 기분 나쁘거나 신경 쓰이는 정도에 그치지 않고, 마음의 소용돌이를 일으킨다는 점에서 문제가 된다. 그렇다고 친구에게 돈을 갚으라고 직접 요구할 용기는 없다. 그런 말을 했다간 관계가 서먹해질 수 있고, 결국 관계의 더 큰 불균형을 초래할 위험이 있기 때문이다. 그저 깔끔한 관계, 균형 잡힌 관계를 원할 뿐인데 원하는 것을 얻기가 이렇게 어렵다.

완벽주의자가 대인관계를 특히 어려워하는 이유는 그만큼 인간관계가 다이내믹한 것이기 때문이다. 기본적으로 인간관계에는 변수가 많고 항상 변화하기 때문에 완벽한 균형을 맞추기란 거의 불가능하다. 시험 준비나 업무수행 같은 경우 자신이 노력하면 어느 정도 통제가 가능하지만, 인간관계란 그 자체로 살아 움직이는 생명체와 같아서 완벽한 통제가 불가능하다. 불가능한 목표에 도전하다 보니, 완벽주의자의 인간관계는 항상 스트레스다.

'이퀼리브리엄Equilibrium'이란 영어 단어에는 두 가지 뜻이 존재한다. '물질이나 에너지가 균형을 이룬 상태'를 지칭하는 동시에 '마음의 평화'라는 뜻도 갖고 있다. 말하자면, 완벽주의자는 타인과의 관계에서 이퀼리브리엄을 유지함으로써 자신의 마음에도 이퀼리브리엄을 만들려 하는 사람들이다. 아쉽게도 이런 시도는 결코 성공하지 못한다. 인간은 언제나 변하고, 인간과 인간 사이의 관계도 항상 달라지기 때문이다. 세상은 돌고 돈다. 나를 둘러싼 세상이 아무리 소란해도, 세상의 디스이퀼리브리엄 **disequilibrium** 속에서도 마음의 이퀼리브리엄을 유지할 수 있는 능력이야말로 가장 확실한 행복의 비결이다.

그러니 관계를 계산하지 말자. 인간은 관계 없이는 행복할 수 없는 동물이다. 그래서 관계에서 행복하지 못한 사람은 절대 행복한 삶을 살 수 없다. 계산하지 말고 느껴라. 관계란 주고받는 것(Give & Take)이 아니라, 함께 있는 것(Being together)이다.

우정도 분석한다

—

"친구 네 명이서 여행을 다녀왔어요. 그중에 한 명이 되게 리더십 있고 분위기를 잘 띄우는 스타일이거든요. 제가 굉장히 좋아하는 친군데, 제가 못 가진 장점을 가져서 한편으론 부럽기도 해요. 또 한 명은 검색을 잘해서 관광지나 맛집을 잘 찾더라고요. 근데 나머지 한 친구한텐 좀 실망한 게, 하는 것도 없으면서 불만만 많더라고요. 걷기 힘들다, 가까운 데서 먹자, 자꾸 이런 소리를 하니까 되게 거슬렸어요. 저는 그 친구처럼 짐이 되긴 싫은데 막상 잘하는 게 별로 없으니까, 여행 다니면서 궂은일이 있으면 앞장서서 하려고 노력했어요."

학생 한 명이 들려준 여행 이야기다. 스무 살의 유럽 여행, 듣기만 해도 설레는 단어다. 여행 이야기는 언제 들어도 재미있고 낭만적인데, 이 학생의 이야기에는 조금 독특한 구석이 있다. 대부분의 여행 이야기가 여행지에서 일어난 사건이나 그에 대한 감정으로 이루어져 있다면, 이 학생은 동행한 친구들의 특성과 각각의 역할을 설명하는 데 많은 부분을 할애했다. 그래선지 여행기답지 않게 상당히 논리적이고 분석적인 느낌을 준다.

자세한 내막은 이렇다. 네 명의 친구들이 함께한 여행에서 한 친구는 리더, 한 친구는 총무 역할을 맡고 있다. 학생 역시 리더나 총무 자리에 욕심이 없는 건 아니지만 자신의 한계를 잘 알기에 조용한 보조자 역할을 자처한다. 각자 자신의 주특기로 조직에 기여하는 와중에 한 친구만 응석을 부리며 물을 흐리고 있다. 잘 짜여진 조직을 흐트러뜨리는 주범이기에 학생 입장에서는 이 친구가 눈엣가시 같은 존재였다. 어쨌든, 한 친구의 방해에도 불구하고 조직력을 유지하며 여행을 무사히 마쳤다는 게 이 이야기 나름의 해피엔딩이다.

이 이야기에서 완벽주의자의 냄새가 느껴지는가? 살짝 언급했듯, 완벽주의자는 모든 관계를 분석한다. 우정도 예외는 아니어서, 친구들의 성격과 장단점 그리고 선호하는 역할까지 모든 것을 분석, 정리하는 것이다. 친구들을 분석하는 이유는 누군가를 선택하거나 탈락시키기 위해서가 아니다. 서로의 장단점이 조화를 이루는 이상적인 관계를 만들기 위함이지만, 좀 더 근본적인 이유는 '모르면 불안'하기 때문이다. 무엇이든 파악하고 결론 내려야 마음이 편해지는 것이 완벽주의자의 속성이기에 이들에겐 '모르는 것'만큼 불편한 것이 없다. 그래서 가장 가까운 사람인 친구들을 분석하는 것은 당연한 일이다.

'완벽하게 정리된 상태'를 원하는 것이 완벽주의다 보니 친구관계도 정돈돼 있기를 원한다. 완벽한 이해를 바탕으로 서로 배려하는, 그런 이상적인 관계를 꿈꾸는 것이다. 그래서 이런 균형을 깨뜨리는 존재는 눈엣가시처럼 느껴진다. '하는 일도 없이 불만만 늘어놓는 친구'처럼, 이해와 배려가 부족한 사람이란 완벽한 팀워크를 해치는 크나큰 위협이 아닐 수 없다.

그런데 여기서 학생의 이야기를 조금 뒤집어볼 필요가 있다. 4명이 떠난 여행 얘기에는 4가지 버전이 있는 법, 학생의 분석이 지나치게 편향돼 있을 가능성도 배제할 수 없다. 먼저 첫 번째 친구, 리더십이 뛰어나다는 것은 다른 말로 독단적이란 뜻일 수 있다. 사실 여럿이 떠난 여행에서 뭐든지 자기 맘대로 정하려는 사람만큼 큰 민폐도 없다. 두 번째 친구의 경우, 검색을 많이 한다는 것은 지나치게 까다로운 스타일일 수 있다. 여행에서 평이 좋은 음식점을 고집하며 기어이 일행을 멀리까지 끌고 가는 사람들이 종종 있는데, 같이 다니는 입장에서는 꽤나 짜증 나는 스타일이다. 친구 두 명이 지나치게 독단적이고 까다롭다 보니, 세 번째 친구는 그저 불만을 토로하는 것 말고는 할 수 있는 게 없었으리라. 이렇게 놓고 보면 전혀 다른 이야기 아닌가?

지금 학생의 분석이 맞는지, 아니면 내 것이 맞는지 따지고 싶은 것이 아니다. 내가 하고 싶은 말은 세상일이 어떻게 보는가에 따라 이렇게 다른데 굳이 그렇게 분석하며 살 필요가 있느냐는 것이다. 스무 살짜리 대학생이 리더십이 있으면 얼마나 있고, 검색을 잘하면 얼마나 잘하겠는가. 또 좀 투덜대봤자 애처럼 길에 드러눕기야 하겠냐는 말이다. 분석을 하다 보면 장점이든 단점이든 과장되는 경향이 있다. 고등학교를 갓 졸업한 친구 4명이 유럽까지 여행을 갔으면 그저 즐기고 돌아오면 될 일이다. 장점도 있고 단점도 있는 게 사람인데, 이미 친구인 이상 분석이 무슨 의미가 있겠는가.

관계는 인생을 풍요롭게 한다. 인생을 즐기기 위해선 반드시 좋은 친구가 필요한데, 좋은 친구가 되려면 분석하지 말아야 한다. 친구 사이에 균형이 좀 맞지 않은들, 팀워크가 좀 삐걱댄들

어떤가. 그저 더불어 즐기면 될 일이다.

도움을 요청하지 않는다

—

"저는 남한테 뭘 부탁하는 게 유난히 어려워요. 예를 들어, 친구한테 필기 좀 보여달라 부탁할 때도 몇 번씩 고민해요. 진짜 사소한 거지만, 해외여행 가면 길을 모를 때가 많잖아요. 그때 그냥 물어보면 되는데, 저는 그게 그렇게 어렵더라고요. 영어를 못해서가 아니라, 그냥 도움을 요청하는 것 자체가 불편해요."

도움을 잘 요청하지 않는다. 이것이 완벽주의자의 특징 중 하나다. 완벽주의자들은 아주 가까운 사람에게조차 도움 요청하길 꺼리며, 시간과 노력이 들어도 웬만한 일은 스스로 해결하려 한다. 도움을 요청하지 않는 데는 '거절에 대한 두려움'도 한몫하겠지만, 더 근본적인 이유는 도움을 받는 것 자체가 관계의 균형을 깨뜨리기 때문이다. 그래서 상대가 자신의 요청을 거절했을 때 도리어 안도감을 느끼는 경우도 많다.

앞서 말했듯, 완벽주의자는 관계의 균형, 즉 Give & Take를 중시한다. 누군가에게 도움을 받으면 어떤 형태로든 그에 상응하는 보상을 해줘야 마음이 편한데, 돌려줄 방법이 마땅치 않으니 계속 마음이 불편한 것이다. 그래서 아예 받지 않는 게 낫다. 주고받는 것 없는, 딱 떨어지는 관계가 좋으니 처음부터 빚질 일은 만들지 않겠다는 것이다.

물론 자신의 일은 스스로 하는 것이 좋다. 설사 시간이 오래 걸려도 끙끙대며 혼자 길을 찾아본 경험이 여행의 좋은 추억으로 남을 수 있다. 그러나 세상 모든 일을 혼자 해결할 순 없다. 때때로 우리는 남의 도움을 받아야만 한다. 그에 대한 보답을 당장 못할 때도 많거니와, 가끔은 영영 하지 못하는 경우도 있다. 그렇게 사는 게 인생이다. 도움을 받기도 하고 주기도 하면서, 그렇게 얽히고설켜 사는 것이다. 어지럽게 꼬인 전선을 정리하듯 관계를 깔끔하게 정돈하기란 사실상 불가능하다.

"남에게 피해를 주지 말자."

상담일을 하며 이 말을 좌우명처럼 여기는 학생들을 수도 없이 만나봤다. 이 가르침을 신앙처럼 여기며 행여나 남에게 폐가 될까 전전긍긍하는 학생들을 볼 때마다 무엇이 이 착한 학생들을 이토록 고통스럽게 만드는지 고민하곤 했다. 많은 경우 집안에서 가훈처럼 내려온, 반복적인 교육의 결과였다. 항상 몸가짐을 바로 해라, 남에게 피해주는 사람이 돼서는 안 된다, 귀가 아프게 들어온 이 말들이 학생들을 옥죄는 사슬이 된 것이다.

무인도에 혼자 살지 않는 이상, 남에게 전혀 피해를 주지 않고 사는 것은 불가능하다. 누구나 남에게 폐를 끼치고, 또 폐 끼침을 당하기도 하며 산다. 옷에 얼룩 하나 묻히지 않겠다는 결벽증으론 맘 편히 외출조차 할 수 없듯, 깔끔한 관계에 집착해서는 정상적인 사회생활이 불가능하다. 행복은 공짜로 얻어지는 것이 아니다. 행복을 얻으려면 용기가 필요하다. 도움이 필요할 땐 도움을 청하는 것, 그것이 진정한 용기다.

완 벽 한 연 애 ,
사 랑 도 노 력 하 는 자 의 것

●

　'완벽주의자의 연애 스타일'을 규정짓는 것은 쉽지 않은 작업
이다. 완벽주의자들은 대부분 상대에게 맞춰주는 경향이 있어 상
대가 어떤 사람이냐에 따라 연애 스타일이 달라지기 때문이다.
'특징 없음'이 특징이기에, 그들의 연애를 분석하기란 매우 어렵
다. 그럼에도 불구하고 연애 파트를 추가한 이유는 연애만큼 젊
은이들의 가치관과 성격을 잘 보여주는 것이 없기 때문이다. 다
소 궁금한 분석이니, 이 부분만큼은 완벽주의자들의 전반적인 특
성보다는 재미있는 사례 정도로 생각하고 읽어주셨으면 한다.

　완벽주의자들은 사랑도 그들답게 한다. 완벽주의자의 연애에
는 몇 가지 특징이 있는데, 정리하면 다음과 같다.

1. '금사빠', 금방 사랑에 빠진다.

2. 내가 뭘 해줄 수 있나 고민한다.

3. 사귀고 나면 상대의 단점이 보인다.

20대에게 가장 중요한 일은 연애다. 학업과 취업의 중요성이 날로 커지는 현실이지만, 그래도 마음속에 차지하는 자리만큼은 '청춘사업'을 따를 것이 없다. 심리분석에 있어서도 연애만큼 좋은 재료는 없는데, 한 사람이 갖고 있는 감정의 결 그리고 대인관계 패턴을 가장 극명하게 보여주기 때문이다.

학생상담에서도 연애 고민을 털어놓는 학생들이 많다. 연애를 하고 있는 학생도, 하고 있지 않은 학생도 나름의 고민이 있다. 나는 기본적으로 연애를 장려하는 편인데, 그 이유는 의사가 사람을 상대하는 직업이기 때문이다. 좋은 의사가 되기 위해서는 공감능력이 필수인데, 이 공감능력이라는 것이 개인의 감정 경험에 비례할 수밖에 없다. 다양한 감정을 경험해본 사람이 타인의 감정도 공감할 수 있다는 뜻인데, 그만큼 폭넓은 경험을 쌓는 것이 중요하다. 독서나 여행 같은 간접 경험도 공감능력 증진에 도움이 되지만, 연애만큼 감정을 풍부하게 만들어주는 것도 없다. 그래서 사람을 상대하는 직업군에서는 '연애도 스펙이다'는 말이 빈말만은 아니다.

의대생들도 연애에 무척이나 관심이 많은데, 20대 초반의 연애가 대부분 그렇듯 서툴고 실수투성이다. 연애에서 겪는 어려움이야 자연스러운 일이지만, 일부 완벽주의 학생들의 연애에는 좀 특이한 패턴이 있다.

그는 너무 괜찮은 사람

"제가 하는 동호회에 새로 나온 분이 있는데, 얘기를 나눠보니 너무 괜찮은 거예요. 동기들이랑은 맨날 하는 얘기가 뻔하니까 좀 지루할 때도 있는데, 전혀 모르는 분야 얘기 들으니 재밌더라고요. 또 성격도 차분하고 진중한 것 같고……."

새로 만난 인연에 대해 이야기하는 학생의 모습이 한껏 들떠 보인다. 사랑에 빠지는 건 참 아름다운 일이다. 정신과 교과서에 명시돼 있다시피 감정에는 '전염성infectivity'이 있기에 듣고 있던 나도 왠지 모르게 들뜬다. 그런데 이 학생은 몇 주 전에도 새로운 인연에 대해 이야기했었다. 그리고 사귄 걸로 알고 있는데, 오늘 말하는 사람은 또 누굴까……, 갑자기 머릿속이 혼란해진다.

실제로 학생들의 연애사에는 여러 사람이 등장하는 경우가 흔하다. 지난주까지 관심 있다 말했던 사람과 오늘 말하는 사람이 달라서 헷갈린 적도 많고, 세 명 이상은 감당할 수 없어 A, B, C로 불러달라 요청한 적도 있다.

완벽주의자들은 매사에 꼼꼼하고 신중할 것 같지만 의외로 '금사빠'가 많다. 금사빠란 '금방 사랑에 빠지는 사람'의 줄임말인데, 좀 더 전문적인 용어로 표현하면 '단편적인 정보만으로 상대를 이상화하는 경향'을 뜻한다.

완벽주의자가 자기 확신이 부족하여 남의 시선을 많이 의식한다는 것은 앞서 설명한 바 있다. 그래서 연애 상대를 선택할 때도 타인의 평가를 중요시한다. 남들이 괜찮다고 하는 사람에게 높은 가산점을 주는 것이 일반적인데, 별 관심이 없다가도 친구가 괜찮다고 하면 갑자기 관심이 생기는 경우가 그 예다. 객관적 평가에 집착하는 성향이 연애에도 드러나는 셈인데, 일단 누가 봐도 인정할 만한 '명확한 장점'이 있는 사람에게 매력을 느낀다.

문제는 한 가지 명확한 장점이 있으면 다른 부분은 덮어놓고 이상화한다는 데 있다. 물론 연애란 게 어느 정도 콩깍지가 씌어야 가능하다지만 장점을 지나치게 이상화하는 연애는 왠지 위태로워 보이는 게 사실이다. 실제 이야기를 나눠보면, 많은 학생들이 '호감' 단계에서는 상대를 상당히 이상적으로 묘사한다. 요즘

말로 완벽한 '썸남, 썸녀'인데, 너무 좋게 얘기해서 더 불안하다.

어쨌든 눈에 잘 띄는 장점 하나를 포착하면 '금사빠'가 되는 것이 완벽주의자들의 연애 초기 패턴이다. 누구나 인정할 만한 장점을 추구하다 보니 사람들 입에 많이 오르내리는 사람에게 매력을 느끼는 경우가 많은데, 여기서 중요한 것이 바로 외모다. 현실적으로 많은 사람에게 매력을 어필하려면 외모가 출중해야 한다. 가장 눈에 잘 보이고, 분명한 매력이 외모인 것은 부정할 수 없는 사실이다.

완벽주의자들은 외모를 많이 본다. 외모 안 보는 사람이 어디 있겠는가마는, 완벽주의자들은 유달리 외모에 민감하다. 이는 남녀 공히 해당되는 사실인데, 외모를 많이 보는 와중에도 특별히 선호하는 타입이 있다. 피부가 하얀 사람이라든지, 쌍꺼풀이 없는 눈이라든지, 아니면 헤어스타일이나 자주 짓는 표정이라도 자신이 좋아하는 포인트가 분명하다. 특정 외모 선호에는 자신의 콤플렉스가 반영된 경우가 많지만, 꼭 그렇지 않은 경우도 있으니 일반화할 순 없다.

성격에서 장점을 발견하는 경우에는 외향적이고 활발한 성격을 선호하는 경우가 많다. '사람들과 두루두루 잘 지내는 모습'이나 '원만하고 쿨한 성격'에 매력을 느꼈다고 말하는 학생들이 많은 것을 보면, 어느 정도 특정 성격 선호도가 존재하는 것 같다.

특정 선호에는 자신의 콤플렉스가 반영된다고 했는데, 완벽주의자들이 대인관계에서 속앓이를 많이 하는 것을 고려하면 쿨한 모습에 매력을 느끼는 것이 이해가 간다.

이외에도 '특정 분야에 박학다식한 모습', '갑작스런 일에도 당황하지 않는 모습', '조용히 남을 배려하는 모습' 등 매력을 느끼는 포인트는 사람마다 다르다. 그래서 완벽주의자의 연애는 '어떤 사람을 만나느냐'보다 '어떤 시점에 만나느냐'가 관건이다. 돌다리도 두들겨보는 완벽주의자의 불같은 사랑, 왠지 아이러니하면서도 많이 본 듯한 장면이 아닐 수 없다.

나의 부족함은 노력으로 커버한다

———

이렇게 이상적인 상대를 찾다 보니 상대방도 자신을 좋아하리란 보장이 없다. 자신만 그렇게 생각할 뿐 실제로는 그리 대단한 사람이 아닌 경우가 많지만, 완벽주의자의 특성상 한번 이상화한 상대는 끝없이 이상화한다. 상대에 비해 내가 너무 부족해 보이기에 항상 자신 없고 위축된다.

이럴 때 완벽주의자의 특기가 발동하는데, 바로 '분석'과 '노력'이다. 상대방과 나의 관계를 철저히 분석하고 균형이 맞지 않는 부분은 노력으로 극복하는 것이다. 그래서 완벽주의자들은 대체로 '헌신적'이다. 될 때까지 노력하는 것이야말로 이들의 특기가 아닌가. 더 많이 배려하고 더 잘하는 것, 이들은 완벽한 연애 상대가 되기 위한 노력을 결코 멈추지 않는다.

사실 완벽주의자만큼 좋은 '썸남, 썸녀'도 없다. 좋아하는 사람을 대할 때 항상 긴장하고 실수하지 않으려 노력하기 때문이다. 완벽주의자가 '썸'을 어떻게 생각하는지 보여주는 흥미로운 사례가 하나 있다.

가벼운 고민으로 상담실을 찾은 학생이 있었는데, 이런저런 대화를 나누다 연애 이야기가 나왔다. 학생은 좋아하는 사람에게 어색하지 않게 다가가는 방법이 궁금하다 했고, 나는 소설이나 영화에서 힌트를 얻어보라 조언했다. 다음 상담에서 학생은 자신이 본 영화 이야기를 했는데, 영화에 대한 감상평이 조금 독특했다.

"〈어바웃 타임〉이란 영화가 좋다는 말을 많이 들어서 한번 봤어요. 아름다운 사랑 이야기라고 하는데 저는 잘 모르겠더라고요. 결국 주인공이 시간을 돌려서 자신의 실수를 만회하는 거잖아요. 여자 주인공이 참 예쁜데 남자 주인공은 좀 찌질하잖아요. 만약 시간을 돌리는 능력이 없었다면 잘될 수 있었을까요? 결국 연애도 실수 없이 완벽해야 잘할 수 있구나, 이렇게 느꼈어요.”

연애도 완벽해야 할 수 있다. 그것이 완벽주의자의 기본적인 마인드다. 그래서 완벽주의자는 ‘썸’을 즐기지 못한다. 연애라는 목표에 도달하기 위해 감수해야 하는, 작은 실수에도 엎어질 수 있기에 최선을 다해야 하는, 그런 세밀한 작업인 것이다. 요즘 젊은이들 사이에는 ‘연애보다 썸이 좋다’는 말이 공공연히 나돌 정도로 ‘썸’ 자체를 즐기는 분위기인데, 실수하면 안 된다는 생각으로 항상 긴장에 싸여 있는 학생들을 보면 안타까운 마음이 든다.

어쨌든 완벽주의자는 ‘썸’ 하나에도 최선을 다한다. 상대방을 배려하고 맞춰주려 노력하다 보니 연애에 이르는 성공률도 비교적 높은 편이다. 그런데 사람이란 게 쉽게 변하지 않는지라, ‘썸’을 즐기지 못하는 자는 연애도 즐기지 못한다.

사랑하기 전에는 미처 보이지 않았던 것들

완벽주의자는 장점보다 단점에 집중하는 습관이 있음을 여러 차례 강조한 바 있다. 연애도 예외는 아니어서, 일단 자신의 애인이 되면 단점이 눈에 보이기 시작한다. 연애하기 전에는 ‘자신의 것'이 아니기에 굳이 신경 쓰이지 않았던 것들이 연애를 시작하면 급격히 눈에 들어오는 것이다. 그래서 "변했다"는 말이나 "금방 싫증 내는 스타일"이란 평가를 듣기 쉬운데, 엄밀히 말해 이런 평가는 조금 부당한 면이 있다.

완벽주의자는 자신에게 한없이 냉정한데, 이 냉정함은 자신과 매우 가까운 사람, 즉 하나의 운명공동체라 느끼는 사람에게까지 적용된다. 그래서 밖에서는 더할 나위 없이 너그러운 사람이 자신의 가족, 특히 자식들에게 지나치게 엄격한 경우를 심심치 않게 볼 수 있다. 사랑하기에 더 완벽하길 바란다는 말인데, 아무리 그래도 당하는 사람 입장에선 폭력에 지나지 않는다.

잠깐 말이 샜지만, 완벽주의자는 연애가 시작되는 순간부터 상대의 단점을 본다. 사랑하기 때문에 바라고, 사랑하기에 더 아쉽다. 그렇다고 상대의 장점을 모두 무시하고 단점만 생각한다는 뜻은 아니다. 사랑에 빠지게 만들었던 장점들은 여전히 거기 있다. 그것을 알고 있지만, 자꾸만 단점이 눈에 거슬리는 것이다. 다시 한 번 말하지만, 완벽주의는 '인지'가 아닌 '집중'의 문제다.

밝고 명랑한 학생 한 명이 있었다. 학교생활에는 큰 문제가 없었는데 '자신을 더 이해하고 싶다'는 매우 진취적인 이유로 상담실을 찾은 특별한 케이스였다. 불타는 청춘답게 연애도 아주 잘

하고 있었고, 상담에서도 남자친구 이야기를 자주 했다. 주로 남자친구에 대한 불만을 토로했는데, 말만 들으면 곧 헤어질 사람 같은데도 의외로 오랫동안 관계를 이어나갔다. 그러던 어느 날, 학생이 남자친구에 대한 진심을 털어놓았다.

"남자친구를 많이 좋아해요. 되게 착하고 자상하거든요. 무엇보다 엄청 잘생겼어요. 처음 봤을 때부터 잘생겼다고 생각했는데 요즘에도 가끔 '이렇게 잘생긴 애가 내 남자친구라니' 하면서 뿌듯해요. 근데 이상하게 남자친구를 만나면 자꾸 툴툴대고 단점을 지적하게 돼요. 걔가 좀 말귀를 못 알아듣는 편인데 그거 갖고 자꾸 핀잔주고 놀리고, 그러다 남자친구가 화낼 때도 있어요. 친구들을 만나도 남자친구 칭찬보다는 흉을 보게 되고……, 안 그러려 하는데 왜 자꾸 그렇게 되는지 모르겠어요."

완벽주의자는 상대에게 아무리 장점이 많아도 작은 단점이 자꾸만 신경 쓰이기 때문에 연인에게도 '애정 어린' 지적을 일삼는 경우가 많다. 핀잔주기나 짜증 내기, 혹은 농담인 듯 장난스럽게 놀리기, 이들에는 모두 진심이 담겨 있다. 설령 표현하지 않더라도 마음속에 항상 아쉬움을 품고 있다는 점에서는 큰 차이가 없다. '이거 하나만 고치면 완벽한데……' 하는 아쉬움이 항상 깔려 있는 것이다. 그래서 다른 사람에게 연인에 대해 이야기할 때 좋은 소리가 나오지 않는다. 남들 앞에서 사랑하는 사람의 흉을 보지 않으려 해도, 머릿속에 가득 차 있는 아쉬움이 새어나올 수밖에 없다.

연인의 장점을 강조하지 못하는 또 다른 이유는 '남들이 안 좋게 볼까' 걱정하기 때문이다. '마누라 자랑은 팔불출'이란 말처럼 우리나라에는 자신의 연인이나 배우자 자랑을 겸손하지 못하다 보는 경향이 있다. 완벽주의자들은 남의 시선을 극도로 의식하기 때문에 연인에 대해 칭찬보다는 흉을 보는 것이 친구들에 대한 예의라고 생각하는 경우도 있다.

문제는 진심이 아닌 말도 자꾸 하다 보면 진심이 된다는 데 있다. 연인의 단점을 자주 생각하고 말하다 보면 정말로 불만이 쌓이게 된다. 그래서 완벽주의자는 연애를 오래 이어가지 못한다. 내 경험상, 오래 사귀는 커플에게는 공통점이 있다. 서로에게 관대하다는 점인데, 우선 내 사람이 된 다음에는 허물은 덮고 장점을 보려 노력하는 것이다. 다시 말해 어느 정도 콩깍지가 씌어야 오래 사귈 수 있는데, 냉철하고 분석적인 완벽주의자들에게는 쉽지 않은 일이다.

물론 완벽주의자도 어떤 상대를 만나느냐에 따라 연애를 오래 이어나갈 수 있다. 그리고 오래 사귄다고 꼭 좋은 것도 아니다. 다양한 사람을 만나서 다양한 경험을 해보는 것도 충분히 권장할 만한 일이다. 다만 내가 안타까운 것은 많은 학생들이 연애가 주는 즐거움을 '충분히' 즐기지 못하기 때문이다. 사랑하는 관계에서 누릴 수 있는 행복을 한 방울도 남김없이 쪽쪽 빨아먹어야 하는데, 마음속의 아쉬움 때문에 누려야 할 행복 중 많은 부분을 놓치는 것이 못내 마음에 걸린다.

요즘 학생들은 사는 게 너무 힘들다. 완벽을 요구하는 사회에서 살아남기 위해 전력투구하다 보니 연애도 사치처럼 느껴질 때가 많다. 어렵게 사랑하는 사람을 만나도 완벽주의라는 병 때문에 좋은 관계를 망치는 경우가 흔하다. 공부도 사랑도 너무 힘든 요즘 학생들에게 나는 이런 말을 해주고 싶다.

"연애는 꼭 하지 않아도 됩니다. 그렇지만 하게 된다면 현실의 눈은 가리세요. 이성의 눈을 가리고 감정에 몸을 맡길 때 가장 완벽한 사랑을 할 수 있습니다."

혹시 나 때문에?
죄책감의 정서

●

"저는 진행병 같은 게 있어요. 사람들이 모여 있는데 말이 없고 어색하면 왠지 제가 나서야 할 것 같은 압박을 느껴요. 나서는 걸 좋아하는 건 절대 아니에요. 만약에 다른 사람이 나서서 분위기를 풀어주면 너무 좋죠. 근데 그런 사람이 없으면 어쩔 수 없이 제가 나서서 농담도 하고 이야깃거리도 던지고 그래요. 왜 그러는지 잘 모르겠지만, 뭔가 책임감을 느끼는 것 같아요."

내가 만난 학생들 중에 이런 고민을 토로하는 학생들이 꽤 많았다. 겉으로는 밝고 외향적이나 속으로는 꽤나 생각이 많은 종류의 사람들인데, 주위를 둘러보면 이런 사람들이 의외로 흔하다. 이런 사람들은 사는 게 피곤하다. 우선 분위기를 주도해야 한다는 부담 때문에 힘들고, 분위기를 띄우려다 행여나 말실수라도 하면 본전도 못 찾고 욕을 먹기 때문이다. 그런데도 왜 힘든 역할을 자처할까? 언뜻 보기엔 '나서는 걸 좋아하는' 사람처럼 보이지만, 실상은 '나서야 한다는 압박'을 느끼는 사람일 가능성이 높다.

압박감의 기저에는 완벽주의가 있다. 완벽주의자는 상황을 통제하려는 욕구가 강하기 때문에 항상 주변에 대한 책임감을 느낀다. 굳이 자신이 나서지 않아도 될 일에 책임감을 느끼는 경우가 흔한데, 학생의 말 속에서 이 '막연한 책임감'의 실체와 마주할 수 있다.

책임감은 다른 말로 죄책감이다. 상황을 해결하는 게 나의 '책임'이라면, 상황을 해결하지 못한 것은 나의 '잘못'이기 때문이다. 책임을 다하지 못한 잘못, 그것이 죄책감이다. 화기애애한 분위기를 만들 책임이 나에게 있다면, 분위기가 어색한 것은 나의 잘못이다. 바로 이 죄책감이 학생의 마음을 불편하게 만들어 굳이 나서지 않아도 될 상황에 뛰어들게 만드는 것이다.

학생들을 상담하면서 이 '죄책감의 정서'가 생각보다 널리 퍼져 있음을 알게 되었다. 이유 모를 고통을 호소하는 학생들의 심리를 파보면, 많은 경우 그 밑바닥에 죄책감이 있었다. 학생들은 자신과 전혀 무관한 일에도 자신에게 책임이 있는 것처럼 느꼈다. "너의 책임이 아니다"라고 아무리 말해도 죄책감을 덜기에는 역부족이었다. 오랜 경험을 통해 내가 결린 결론은 다음과 같다.

"인생을 가장 불행하게 만드는 것은 쓸데없는 죄책감이다."

'당연히 해야 할 일'을 하지 않았다는 것

"아버지께서 얼마 전에 정년퇴직을 하셨어요. 요즘 집에 계시는데 좀 의기소침하신 것 같더라고요. 이럴 때 제가 같이 시간도 보내고 좀 즐겁게 해드려야 하는데, 시험이 많아서 주말에도 집에 잘 내려가지 못하거든요. 그래서 항상 마음이 불편하고 죄책감이 있어요."

지방에서 올라와 자취하는 한 학생의 고민이다. 혹자는 "참 반듯한 학생이다. 효자다."라고 할지 모르나 내가 보기에는 쓸데없는 고민이다. 아버지가 정년퇴직을 하고 공허함을 느끼시는데 왜 본인이 죄책감을 느끼는가? 아버지가 정년퇴직을 하신 데 본인 책임이라도 있다는 뜻인가? 아버지의 인생은 아버지의 것이다. 그 길에서 느끼는 감정 역시 오롯이 아버지의 몫일 뿐, 본인이 죄책감을 느끼는 것은 주제넘은 참견이다.

물론 아버지의 상황을 나 몰라라 하라는 뜻은 아니다. 시간을 내서 부모님을 찾아뵙고, 허전한 마음을 덜어드린다면 더할 나위 없이 좋은 일이다. 하지만 '하면 좋은 것'과 '해야 하는 것'은 전혀 다르다. 하면 좋은 일을 하지 않았다고 해서 죄책감을 느낄 필요는 전혀 없는 것이다.

완벽주의자들은 '하면 좋은 일'을 '해야 하는 일'로 착각하는 경우가 많다. 사람들이 모였을 때 분위기를 좋게 만든다면 참 좋은 일이고, 부모님을 자주 찾아뵙는 것 역시 좋은 일이다. 그렇지만 '꼭 해야 하는 일', 즉 의무는 아니다. 그저 즐겁게 하면 될 일에 쓸데없는 죄책감을 느끼는 것은 인생의 낭비가 아닐 수 없다.

완벽주의의 핵심이 '당위성에 대한 숭배'에 있다고 말한 바 있다. 당위성이 '마땅히 그래야 하는 것'을 뜻하는 만큼, 완벽주의자들은 세상 모든 일을 '당연히 해야 하는 것'으로 바라본다. 친구에게 양보해야 한다, 부모님을 자주 찾아봬야 한다, 연인 사이에 기념일은 챙겨야 한다, 이렇게 일상이 온통 당위성 투성이다. 그래서 해야 하는 일을 앞두고 마음이 무겁고, 행여나 완벽하게 수행하지 못할까 노심초사한다. 즐거워야 할 일상이 책임감에 억눌려 신음하고 있는 것이다.

'선의'는 절대 '의무'가 될 수 없다. 선의가 의무가 되는 순간, 세상은 더 이상 따뜻하지 않을 것이다. 친구 사이의 배려도, 가족 간의 안부전화도, 연인 사이의 선물도, 그것이 의무가 되는 순간 더 이상 따뜻하지 않다. 그러니 쓸데없는 죄책감일랑 버려라. 설사 당신을 둘러싼 상황이 엉망이더라도, 당신과 가까운 사람들이 힘들어해도, 그것은 당신 탓이 아니다. 선의가 있다면 기꺼이 도와도 된다. 그러나 선의는 선의일 뿐, 절대 당신의 책임이 아니다.

한번쯤은 "왜 그래야 되죠?"라고 물을 용기가 필요하다

———

"요즘 엄마 보면 사채업자 같아."

2014년에 SBS에서 방영된 다큐멘터리 〈부모 vs 학부모〉에 등장하는 한 학생의 말이다. 방영된 지 수년이 지났지만 아직까지 이 말이 인터넷상에 많이 회자되는 것을 보면, 그때에 비해 교육열이 식기는커녕 더욱 달아오른 것 같다. 다큐멘터리에 등장하는 학생의 표정은 많이 지쳐 보인다. 차라리 여느 아이들처럼 부모님께 반항하고, 작은 일탈이라도 저질렀다면 그렇게 지치지는 않았으리라. 그저 힘들어도 참고 부모님이 시키는 대로

하다 보니, 결국 이런 말까지 하게 된 게 아닌가 싶어 더욱 마음이 아프다.

완벽주의자들은 '싫은 소리'를 잘 못한다. 타인의 부탁을 거절하지도, 타인의 기대를 저버리지도 못한다. 내가 상담했던 학생 한 명이 이런 이야기를 한 적이 있다.

"미용실에서 머리를 감겨줄 때 '물 온도 괜찮으세요?'라고 물어보잖아요. 저는 항상 괜찮다고 해요. 말하자면, 괜찮은 온도의 범위가 굉장히 넓은 거죠. 아주 뜨겁거나 차갑지 않은 이상, 웬만하면 괜찮다고 해요."

이 학생이라고 왜 선호하는 온도가 없겠는가? 그저 남에게 '싫은 소리' 하기가 싫을 뿐이다. 완벽주의자는 관계에 흠집 나는 것을 피하기 위해 자신의 욕구를 억제하는 경향이 있다. 물 온도 좀 바꿔달라 하는 게 무슨 대수냐 할지 모르지만, 완벽주의자는 작은 흠집 하나도 참지 못하는 사람임을 잊어서는 안 된다. 미용실 직원과의 관계도 이렇거늘, 하물며 가장 소중한 부모님의 기대를 저버리는 것이 쉽겠는가? 그래서 많은 학생들이 그저 부모님께 순종하며 '착한 아들딸'로 살아간다.

물론 부모님을 기쁘게 해드리고, 부모님 사랑에 보답하는 것은 좋은 일이다. 그러나 어디까지나 '하면 좋은 일'일 뿐, 의무는 아니다. 내 인생은 나의 것이다. 아무리 부모라도 나의 행복까지 보장해줄 수는 없다. 무엇이 나를 행복하게 해주는지는 스스로 찾아야 한다.

결국 심리적 독립이 중요한데, 제일 걸림돌이 되는 것이 부모님에 대한 '죄책감'이다. 영화나 드라마를 보면 극성스런 부모가 가장 많이 하는 말이 이거다. "내가 너를 어떻게 키웠는데, 나한테 이럴 수 있니?" 아침 드라마에 빠지지 않고 등장하는 이 대사를 자세히 뜯어보면 자녀의 죄책감을 유발하려는 고도의 전략이 숨겨져 있다. '자식이라면 마땅히 부모의 은혜에 보답해야 한다'는 당위성을 앞세워 죄책감을 유발함으로써 자녀에 대한 통제력을 유지하려는 것이다.

문제는 이런 일이 아침 드라마에서만 일어나는 것이 아니라는 데 있다. 그렇다고 다큐멘터리에 나온 가정처럼 유난히 극성스런 부모에게만 해당되는 이야기도 아니다. 대부분의 부모들이 어느 정도는 자식에게 보상받고 싶어 한다. 아무리 나는 아니라 부정해도, 누구나 조금씩은 "빌려준 돈을 받아내려 기를 쓰는 사채업자" 같은 구석이 있는 것이다.

내가 만난 대부분의 학생들은 지나친 죄책감 때문에 고통받고 있었다. 죄책감은 일상의 모든 부분에 광범위하게 퍼져 있었는데, 결국 그 근원에는 '부모님에 대한 죄책감'이 있었다. 의대생 정도면 부모님의 희생, 다른 말로 치맛바람이 성공을 거둔 케이스인데 실제로 많은 부모님들이 이에 대한 보상을 받고 싶어 했다. "나한테 잘해야 한다"는 말 정도는 애교고, "졸업해서 돈을 벌면 용돈을 두둑이 줘야 한다"는 말을 공공연히 하는 경우도 많았다.

이런 말을 하는 부모님들 대부분은 경제적으로 여유 있는 분들이었다. 자식의 돈이 필요하다기보다는 자식에 대한 통제력을 유지하고 싶을 따름이었다. 물론 장성한 자식이 부모님께 용돈을 드리는 것은 아름다운 일이다. 그러나 그것이 의무가 된다면 더이상 아름답지 않다. 그럴 수 있다면 좋을 뿐, 그러지 못한다고 잘못은 아니라는 것이다. 아무리 좋은 행동도 죄책감에 기반하는 순간, 정신건강을 해치는 병이 된다.

나는 학생들 사이에 널리 퍼져 있는 '죄책감의 정서'가 너무 안타깝다. 한창 빛날 나이의 학생들이 책임감에 짓눌려 애늙은이처럼 사는 모습이 결코 좋아 보이지 않기 때문이다. 당위성과 죄책감에 짓눌려 신음하는 학생들에게 나는 이렇게 말하곤 한다.

"지금까지 당연하게 생각했던 일이라도 나의 행복에 방해가 된다면 한번쯤 '왜 그래야 되지?'라고 자문해봐야 합니다. 이 질문에 합당한 답을 할 수 없다면 아무리 오래된 믿음이라도 과감히 버리세요. 쓸데없는 죄책감을 지고는 자신의 길을 걸어갈 수 없습니다."

사 생 결 단 ,
모 아 니 면 도

'흑백논리黑白論理'는 완벽주의자의 대표적인 사고방식이다. 그래선지 이들은 매사에 좀 극단적인 면이 있다. 모든 일을 '모 아니면 도', '성공 아니면 실패'로 보니 항상 조급하다. 명백한 성공이 아니어도 그럭저럭 괜찮은 결과가 존재함을 받아들이지 못하다 보니, 작은 실수에도 성공이 날아갈까 불안할 수밖에 없다.

그런데 이 흑백논리가 오랫동안 일상에 스며들어 교묘하게 융화되면 유심히 관찰하지 않는 이상 발견하기 어려운 경우가 많다. 그래서 많은 학생들이 자신이 흑백논리를 갖고 있음을 모른 채 살아간다.

교우관계 스트레스가 많다는 학생 한 명도 비슷한 케이스였다. 타 대학을 다니다 본과 1학년으로 편입한 학생이었는데, 중간에 들어온 것에 비하면 교우관계도 원만하고 학교생활에도 잘 적응한 편이었다. 그런데도 학생 자신은 학교생활에 만족하지 못했는데, 그 이유는 다음과 같았다.

"동기들과 그럭저럭 잘 지내는 편이에요. 공부하거나 밥 먹을 때 같이하는 친구들도 있고요. 근데 의대 특성상 무리가 나눠져 있는데, 저는 아직 확고하게 소속된 그룹이 없는 것 같아요. 그런 그룹들 보면 멤버가 정확하게 정해져 있어서 뭐든지 같이하고, 또 요즘에는 옷 맞춰 입고 우정촬영 같은 것도 많이 하더라고요. 저도 친한 애들은 있지만 그 정도는 아니라서 좀 불안해요. 어떤 그룹에라도 껴야 된다는 압박감이 있어요. 저 같은 경우 졸업하면 바로 공중보건의사로 갈 생각이거든요. 시골에서 혼자 군복무하는데 친한 그룹도 없으면 너무 소외될 것 같아서요. 의사 사회는 정보나 인맥이 중요한데 너무 고립되면 안 되잖아요."

이 말에서 흑백논리를 찾을 수 있는가? 내가 보기에 학생의 교우관계에는 문제가 없다. 문제가 있다면 '확고한 소속' 아니면 '철저한 소외'라 생각하는 학생의 사고방식이 문제다. 학생의 말을 들어보면 한 그룹에 확고하게 소속되지 못하면 철저히 소외

되어 독거노인처럼 늙어갈 걸로 생각하는 것 같다. 지금처럼 두루두루 어울리며 지내는 것도 그럭저럭 괜찮은 삶이라는 것은 도저히 받아들이지 못하는 것 같다.

요즘 학생들은 인사이더, 아웃사이더, 줄여서 '인싸', '아싸'란 말을 많이 쓴다. 대부분의 학생들이 자신을 '아싸'라 생각한다는 것을 이미 지적한 바 있는데, 여기에도 흑백논리가 강하게 작용한다. 나는 이 단어 자체를 좋아하지 않지만 굳이 따지자면 상위 10% 정도를 '인싸', 하위 10%를 '아싸'로 분류할 수 있을 것 같다. 그런데 학생들은 상위 10% '인싸'를 제외한 모든 사람이 '아싸'라고 생각하는 것 같다. 다시 말해, '완벽한 인싸'가 아닌 이상 '아싸'라는 생각인데, 이는 명백한 흑백논리다.

사실 세상은 흑도 백도 아닌 회색지대가 대부분이다. '인싸'도 '아싸'도 아닌 80%가 다수를 차지하듯, 명백한 성공이나 실패가 아니어도 그럭저럭 괜찮은 삶이 분명 존재한다. 그걸 인정하지 못한다면 항상 쫓기는 인생을 살 수밖에 없다.

확실하지 않으면 내 탓, 유죄추정의 원칙

앞서 완벽주의자들이 죄책감을 많이 느낀다고 했는데, 흑백논리 또한 죄책감을 부추기는 역할을 한다. 친구관계 고민을 토로한 한 학생의 이야기를 들어보면 그 의미를 더욱 정확히 이해할 수 있을 것이다.

"학교에서 친한 친구가 두 명 있는데, 그중 한 명 때문에 계속 신경이 쓰여요. 얼마 전부터 저를 대하는 태도가 좀 변한 것 같아서요. 여전히 밥도 같이 먹고 얘기도 많이 하는데 요즘 들어 왠지 좀 날카로운 것 같아요. 뭐 안 좋은 일이 있나 싶긴 한데, 유독 저한테 더 그러니까 '나 때문에 그런가? 혹시 내가 실수한 게 있나?' 계속 신경이 쓰여요."

지나친 걱정이요, 받지 않아도 될 스트레스다. 이럴 땐 그저 '다른 안 좋은 일이 있겠거니' 생각하는 게 좋다. 정말 나 때문에 화가 난 거라면 무엇 때문인지 내가 모를 리가 없다. 만약 내가 기억하지도 못할 만큼 사소한 말이나 행동 때문에 이렇게까지 화가 난 거라면, 그렇게 쪼잔한 친구와는 같이 다니지 않는 게 좋다.

형법에는 '무죄추정의 원칙'이란 것이 있다. 피의자의 유죄판결이 확정되기 전까지는 무죄로 추정한다는 원칙으로, 보편적 인

권을 강조한 프랑스 권리선언에서 비롯되었다. 그런데 많은 경우 우리는 피의자에게 '유죄추정의 원칙'을 적용한다. 여기에는 한 번 의심받기 시작하면 무죄라는 증거가 나오기 전까지 '나쁜 놈'으로 몰아가는 언론의 태도가 큰 역할을 한다. 이는 명백히 잘못된 관습이다. 어떤 흉악범죄의 피의자도 인간으로서의 존엄성을 인정받을 권리가 있다. 유죄가 확정되기 전까지는 무죄로 여겨주는 것이 인간에 대한 최소한의 예의인 것이다.

그런데 완벽주의자들은 자신에게 '유죄추정의 원칙'을 적용한다. 내 잘못인지 아닌지 확실하지 않은 상황에서는 당연히 내 잘못이 아니라고 생각해야 하는데도, 내 잘못이 아닌 것이 확실하지 않은 이상 내 잘못으로 생각하는 것이다. 모든 것이 내 잘못 같으니 항상 불안하고, 자신의 잘못이 아니라는 증거를 찾느라 동분서주한다.

여기에도 흑백논리가 상당 부분 작용하는데, '완벽한 백이 아니면 흑'이라는 완벽주의적인 논리가 깔려 있는 것이다. 세상 모든 일이 그렇게 책임 소재가 분명한 것은 아니다. 세상에는 그냥 일어나는 일도 많다. 확실하지 않은 것은 확실하지 않게 남겨두는 것이 현명하다. 애써 흑과 백을 가르고 결론을 내려 하는 것은 강박이다. 내 탓 아니면 남 탓인데 확실하지 않으니 우선 내 탓, 이런 식의 흑백논리로는 죄책감에서 벗어나기 어렵다.

친구의 기분이 안 좋아 보인다면 그냥 '기분이 안 좋구나' 하고 넘어가자. 모든 것을 있는 그대로 받아들이는 것이야말로 완벽주의를 탈출할 수 있는 가장 확실한 방법이다.

경지에 오르지 못했다고 다 똑같은 건 아니다

'모 아니면 도'인 세계관에서는 명백한 성공이 아니면 모두 실패다. 그래서 완벽주의자는 항상 실패자다. 목표점에 도달하지 못하는 사람은 모두 낙오자로 낙인찍는 세상에서는 누구도 행복할 수 없다. 그래서 완벽주의자는 언제나 행복하지 못하다. 다만 '행복해지려고 노력 중'이다.

학업 스트레스를 토로하는 학생 한 명이 있었다. 많이 힘들어하긴 했지만 워낙 성실한 학생이다 보니 무사히 학기를 넘겼는데, 방학을 맞은 학생의 태도가 사뭇 비장해 보였다.

"학기 중에 힘들었던 이유가 체력 때문인 것 같아요. 제가 유독 체력이 약한 편인데, 전에는 나름 운동을 열심히 해서 커버했거든요. 근데 지난 방학에는 운동을 안 하고 거의 놀았단 말이에

요. 그래서 이렇게 저질체력이 된 것 같아요. 이번 방학에는 운동
을 진짜 열심히 하려고요. 그렇지 않으면 다음 학기에 못 버틸 것
같아요."

내가 보기엔 너무 극단적인 생각이다. 우선 자신이 힘들었던
이유를 체력 문제로 귀결 짓는 것부터가 극단적이다. 그냥 우연
히 여러 가지 요인들이 겹쳐서 힘들었던 것일 수 있는데도, 꼭 원
인을 찾아 해결하겠다는 발상부터가 무리수다. 무리해서 범인을
찾다 보니 체력이란 놈이 걸려들었고, 이때부턴 모든 걸 이놈의
잘못으로 끼워 맞추는 것이다. 마치 영화 〈살인의 추억〉에 나오
는 전근대적 수사 방식을 보는 것 같다.

백번 양보해서, 체력이 딸려 공부를 못한 것이 사실이라 치자.
20대 초반의 체력이 약하면 얼마나 약하며, 또 강하면 얼마나 강
하겠는가. 내가 볼 때는 다 거기서 거기다. 이미 의대에서 버티고
있다는 것 자체가 체력에는 문제없음을 증명한다.

완벽주의 때문에 힘들었던 것을 체력 탓으로 돌리니, 엉뚱한
해결책이 나오는 것이다. 나는 이 학생이 방학 때만이라도 쉬길
바랐다. 아무런 압박도 받지 말고 그저 자신의 시간을 즐기길 바
란 것이다. 그런데 "운동을 치열하게 하겠다"는 각오를 들고 나
타났으니 당황하지 않을 수 없었다. 그래서 나는 마음을 가다듬

고 이렇게 얘기했다.

"물론 운동을 하면 체력이 조금 좋아지겠죠. 그렇지만 학생 이야기는 '운동을 하면 완벽체력, 안 하면 저질체력'이란 말로 들리네요. 세상은 그렇게 '모 아니면 도'가 아닙니다. 윷놀이란 대부분 개, 걸 아닌가요? 운동을 하든 하지 않든, 학생의 다음 학기는 그럭저럭 괜찮을 거예요. 그러니 마음을 편히 갖고 조금 쉬어가는 건 어떨까요?"

완벽의 미학,
디테일에 집중하다

대한민국을 대표하는 영화감독 하면 봉준호 감독을 빼놓을 수 없다. 현실을 비튼 독특한 화법과 강렬한 이미지로 국내외에서 거장으로 인정받는 봉준호 감독, 나 역시 대학 신입생 시절 본 〈살인의 추억〉을 인생영화로 꼽을 만큼 그의 열렬한 팬이다. 그런 그에게는 별명이 하나 있는데, 바로 봉준호와 디테일을 합친 '봉테일'이다. 연출 과정에서 카메라에 비치는 돌멩이 모양까지 신경 썼다는 일화가 전해질 정도로 그의 세밀한 연출력은 영화계에서 정평이 나 있다.

그렇다고 봉준호 감독을 디테일에만 집착하는 사람으로 평가해선 곤란하다. 그는 뛰어난 감독이기 이전에 뛰어난 각본가이며, 사실상 대한민국에서 손꼽히는 스토리텔러다. 〈살인의 추억〉, 〈괴물〉, 〈마더〉 같은 작품들이 명작의 반열에 오른 데는 디테일의 힘도 있지만 역시 영화를 이끌어가는 것은 묵직한 스토리의 힘이다. 탄탄한 스토리가 뒷받침될 때 영화적 디테일이 빛을 발하는 것이지, 빈약한 구조하에서는 아무리 아름다운 디테일도 그저 말장난처럼 보일 뿐이다. 디테일은 화룡점정畵龍點睛일 뿐, 먼저 전체적인 용의 뼈대를 잘 그리는 것이 중요하다.

완벽주의자들은 하나같이 디테일에 집착한다. 그래서 명작이 탄생한다면 더할 나위 없이 좋겠으나, 문제는 디테일에 천착하다 뼈대를 놓친다는 데 있다. 나무만 보다 숲을 놓치는 것이 완벽주의자들의 전형적인 패턴이다. 완벽주의자들은 일을 꼼꼼히 처리하니 결과도 좋을 거라 생각하기 쉽지만, 그것은 완벽하게 처리할 수 있는 '적절한' 수준의 일이 주어졌을 때만 해당되는 얘기다.

모든 일을 천천히, 꼼꼼하게 처리할 수 있다면 참으로 이상적이겠으나 우리나라의 현실이 어디 그런가. 대한민국에서 인정받으려면 뭐든지 빨리, 그렇지만 어느 정도 퀄리티 있게 뽑아내야 한다. 그래서 대한민국은 완벽주의자가 살기에는 참 힘든 나라다.

참 잘했는데 완성이 안 돼 있네

―

나는 식탐이 많아선지 요리경연 프로그램을 좋아한다. 가끔 이런 프로를 보면 안타까운 경우가 있는데, 요리의 디테일에 신경 쓰다 제한시간 안에 완성을 못 해서 평가 자체를 못 받는 사람들이다. 이런 사람들은 여지없이 완벽주의자인데, 기본적으로 성실하고 요리 실력도 뛰어나다 보니 시청자로 하여금 안타까움을 자아낸다. 어쨌든 완성이 안 됐으니 가차 없이 탈락하고 마는데, 쓸쓸히 돌아서는 뒷모습을 보며 심사위원들도 한 마디씩 한다. "아깝네. 실력은 참 좋은데⋯⋯."

아무리 실력이 뛰어나고 디테일이 훌륭해도 완성을 못 하면 탈락하는 것이 인지상정이다. 그 의도와 노력을 알기에 안타깝지만 완성이 되지 않은 작품에 높은 점수를 줄 수는 없는 일이다. 그래서 완벽주의자들은 살면서 아쉬운 일이 많다. '조금만 시간이 더 있었다면, 한 번만 더 기회가 주어졌다면' 하는 아쉬움을 입에 달고 사는 것이 이들의 숙명이다. 그러나 기억하라, 인생은 실전이다.

의대 공부는 완벽주의자에게 특히 불리한 면이 있다. 방대한 양을 짧은 시간 안에 외워야 하는 특징이 있기 때문에 묻지도 따지지도 않고 외우는 사람에게 유리하다. 반대로 세세한 부분까지 놓치지 않는 '디테일리스트detailist'에게는 절대적으로 불리한데, 이런 학생들은 항상 "열심히 하는데 왜 성적이 안 따라줄까? 참 아쉽네"라는 말을 듣게 된다. 이런 스타일은 디테일에 신경 쓰느라 시험 범위를 다 보지 못할 때가 많다. 앞은 완벽하지만 뒤에는 구멍이 나 있는 것이다.

이렇게 실패를 겪으면서도 끝까지 디테일을 포기하지 못하는 학생들이 많다. 내가 경험한 사례 중 본과 3학년 실습학생 한 명이 있었는데, 어느 날인가는 발표 준비를 오래 하고도 성의가 없다는 핀잔을 들었다며 낙담해 있었다. 학생의 이야기는 이랬다.

"제가 슬라이드를 만들 때 글씨체나 배경 디자인을 중요시하는 편이거든요. 보기 좋은 떡이 먹기도 좋다고, 발표라는 게 우선 슬라이드가 예쁘면 반은 먹고 들어가잖아요. 그래서 어제 밤새워 슬라이드를 만들었는데 아침에 시간이 모자라더라고요. 그래서 뒤에 몇 장은 그냥 워드에서 내용을 따다 붙였거든요. 수십 장 중에 딱 몇 장인데, 그거 가지고 '성의가 없다'고 하시니까 사실 좀 억울했어요."

내가 볼 땐 특별히 억울할 게 없다. 본인은 아쉽겠지만 완성이 안 된 작품에 혹평을 하는 것은 당연한 이치다. 우선 평범한 디자인이라도 슬라이드를 완성해놓고 디테일을 다듬었어야 한다. 그랬다면 쓸데없이 밤을 샐 일도 없었을 테고, 여러 사람 앞에서 망신을 당하지도 않았을 것이다. 이렇게 디테일을 포기하지 못하는 학생들을 만날 때면 나는 이런 질문을 던진다.

"여기 두 명의 레지던트가 각각 10명의 환자를 맡고 있습니다. 어느 날 밤, A라는 레지던트는 자신이 맡은 환자들을 쭉 둘러보며 '어디 불편한 데 없으세요?' 물어보곤 잠을 잤습니다. 반면 B라는 레지던트는 자신이 맡은 환자들의 검사결과를 세세한 것까지 모두 확인하고 이상한 점이 있으면 해외 논문까지 찾아보며 공부했지요. 그렇게 5명의 환자들은 완벽하게 커버했지만 시간이 모자라 나머지 5명에게는 아예 가보지도 못했습니다. 자, 다음 날 아침 교수님에게 혼날 레지던트는 누구일까요?"

백이면 백, B라고 대답한다. 물론 환자 10명을 완벽하게 커버하면 좋겠지만, 그게 어려울 때는 우선 위급 상황이 생길 만한 큰 문제가 없는지를 확인해야 한다. 그리고 시간이 남으면 세세한 불편사항을 해결해주면 된다. 우선 큰 틀을 만든 다음 살을 붙이는 것이 효율적인 방식이요, 융통성 있는 행동인 것이다.

자신이 완벽주의자라 생각한다면 일을 할 때 우선 '완성'에 목표를 두는 것이 좋다. 대충 완성하고, 그다음에 세세히 검토하는 것이 바람직한 방식이다. 그러다 시간이 모자라 검토를 끝마치지 못해도 상관없다. 아무리 허술해도 완성을 못한 것보단 백배 낫기 때문이다. 그러니 완벽주의자들이여, 제발 사소한 것에 집착하지 마라.

슬로우 스타터, 완벽할 수 없다면 하지 않는 것이 낫다?

———

완벽주의자들이 디테일에 집착하는 이유는 '완벽한' 결과를 내기 위해서다. 그만큼 잘해야 한다는 압박이 강하기에, 무엇을 시작하려면 우선 두렵고 엄두가 나질 않는다. 그래서 완벽주의자의 또 다른 특징이 '슬로우 스타터Slow starter'다.

최상위권 학생들 중에는 공부하기 전에 책상 앞에서 자신만의 의식을 치르는 학생들이 많다. 책상을 말끔히 청소하거나, 색색의 형광펜을 가지런히 늘어놓거나, 뭐가 됐든 한참 동안 자신만의 의식을 성스럽게 치른 후 비로소 공부를 시작하는 경우를 종종 볼 수 있다. 의식이란 결국 '마음의 준비'인데, 마음의 준비를 오래 해서 공부를 잘하는 건지 아니면 공부를 잘하려다 보니 마음의 준비가 오래 필요한 건지, 그 선후 관계는 분명치 않다.

어쨌든 의대생들 사이에서 이런 현상이 자주 관찰된다. 학생들 스스로는 '시동을 켜는 데 오래 걸리는 편'이라 표현하는데, 개인적으로는 지나치다고 느낄 때가 많다. 시동을 켜는 데 오래 걸린다고 고성능 엔진은 아니다. 요즘처럼 기술이 상향평준화된 시대에는 빨리 켜고 빨리 달리는 게 유리하다.

'슬로우 스타터' 하면 차분하고 신중한 이미지를 떠올리겠지만, 사실상 눈앞에 닥친 일이 엄두가 나지 않아 차일피일 미루는 것에 불과하다. 좋게 말해 '마음의 준비'지 실상은 고통의 시간을 조금이라도 미루고 싶은 꼼수일 뿐이다.

슬로우 스타터의 또 다른 문제는 일을 미루고 미루다 시간이 촉박해져 자기가 원하는 퀄리티를 뽑아낼 수 없는 시점이 오면 아예 포기한다는 것이다. 기본적인 사고방식이 'All or None'이다 보니, '완벽하게 할 수 없다면 아예 하지 않는 것이 낫다'고 생각한다.

본과 1학년에서 유급한 학생 한 명을 상담한 적이 있다. 실험 과목에서 리포트를 내지 않아 F를 받은 매우 특이한 케이스였는데, 그 속사정은 더욱 독특했다.

"실험 과목에서 유급하는 경우가 거의 없긴 한데, 저는 리포트를 아예 안 냈거든요. 그냥 대충 써서 내면 되는데도 이상하게 너무 하기가 싫더라고요. 계속 미루다가 마감일이 임박하면 '어차피 지금 해도 못 하겠구나. 이미 늦었다.'라고 생각하면서 포기해요. 그러면 되게 마음이 편해지거든요."

리포트를 제출하지 않아 F를 받은 학생이 완벽주의자일 거라곤 아무도 예상하지 못했을 것이다. 누누이 말했듯, 우리 주변에는 '의외의 완벽주의자'들이 넘쳐난다. 특히 어이없는 지점에서 넘어지는 사람 중에 완벽주의자가 많은데, 자세히 보지 않으면 그냥 '덤벙대는 사람'으로 생각하고 넘어가기 쉽다.

결국 디테일에 대한 집착이 쉽게 넘을 수 있는 장애물에서도 넘어지게 만드는 것이다. 앞서 언급한 요리경연 참가자처럼, 뛰어난 실력을 가진 사람이 초급 단계에서 탈락하는 일이 현실에서는 비일비재하게 벌어진다.

능력이 상향평준화된 시대에 성공과 실패를 좌우하는 것은 결국 멘탈이다. 성공과 행복이라는 두 마리 토끼를 모두 잡고 싶다면 먼저 완벽주의부터 버려라. 쓸데없는 짐을 이고는 결코 인생을 완주할 수 없다.

완벽주의자는 결코 행복하지 못하다. 지나친 단언일 수도 있지만, 적어도 내가 만난 완벽주의자들에게는 항상 행복하지 못할 이유가 있었다. 그들은 언제나 '행복해지려 노력 중'이다. 그러나 그들이 간과하고 있는 것은, 행복은 '노력'이 아닌 '선택'이라는 점이다. 누구보다 열정적이지만 오늘도 행복하지 못한 완벽주의자들에게, 행복론의 고전이자 내가 가장 사랑하는 책인 버트런드 러셀Bertrand Russell의 《행복의 정복》한 구절을 전하며 이 챕터를 마무리하고자 한다.

현명한 사람은 예방할 수 있는 불행을 감수하지도 않으려니와,

또한 불가피한 불행에 시간과 감정을 낭비하지도 않을 것이다.

… 많은 사람들이 아주 작은 일이라도 제대로 되지 않으면 안달을 하고 화를 낸다.

그들은 이와 같이 함으로써 더 유용하게 사용할 수 있는 막대한 정력을 낭비한다.

참으로 중요한 목적을 추구하는 경우에도

감정적으로 너무 깊이 얽매여서 실패하지 않을까 하는 생각이

마음의 평화를 계속적으로 위협하게 하는 것은 현명하지 못하다.

… 최선을 다하면서 그 결과는 운명에 맡긴다는 태도가 필요하다.

– 버트런드 러셀 《행복의 정복》 중에서

Chapter 4
완벽주의를 극복하는 완벽한 방법

완 벽 주 의 ,
고 칠 수 있 나 요 ?

●

"성격을 바꿀 수가 있나요?"

완벽주의 치료를 시작할 때 학생들이 가장 많이 하는 질문이
다. 성격을 바꿀 수 있을까? 정신과 의사에게도 참으로 어려운
질문이다. 이 질문에 답하기 위해선 먼저 '성격'이 무엇인지부터
따져봐야 한다.

정신의학 교과서에서는 성격을 '주위 환경과 자신에 대해 반
응하는 독특하고 지속적인 특성'으로 정의하고 있다. 또한 저명
한 심리학자 제임스 커텔James Cattell은 성격이란 '주어진 상황에
서 한 개인이 어떠한 행동을 할 것인가를 예상케 하는 것'이라고
하였다. 말이 조금 어렵지만, 결국 성격의 핵심이 '지속성'이라는

점에는 모두가 동의하는 것이다. '한 개인의 지속적인 행동양식'이 모여 성격을 이룬다는 뜻인데, 요약하면 '성격 = 습관의 합'이다. 성격이라 하면 뭔가 대단한 것 같지만, 결국 '습관'의 다른 말일 뿐이다.

그럼 이제 질문을 바꿔보자.

"습관은 고칠 수 있나요?"

한결 희망적으로 들리지 않는가? 습관을 고치는 것 또한 쉽진 않지만, 성격에 비하면 훨씬 도전해볼 만한 대상이다. 그래서 나는 학생들에게 자신 있게 이야기한다.

"완벽주의, 고칠 수 있습니다."

완벽주의는 오래된 습관이다. 너무 오래돼서 원래 내 것이었던 것처럼 느껴지는, 그런 뿌리 깊은 습관이다. 그러나 손님이 오래 머문다고 주인이 될 순 없는 법, 우리는 이제 이 오래된 불청객을 내쫓아야 한다.

모든 습관에는 이유가 있다

모든 습관에는 이유가 있다. 아무리 오래된 습관이라도 뿌리를 거슬러 올라가면 반드시 근원이 있다.

어느 동네에 아버지와 아들이 살고 있었다. 아버지는 자주 아들의 어린 시절 사진을 꺼내보곤 했는데, 꼭 사진을 보고 나면 비닐봉지에 겹겹이 싸서 장롱 위에 보관하는 것이었다. 이를 이상히 여긴 아들이 어느 날 아버지께 물었다. "아버지, 사진을 뭐 하러 장롱 위에 두세요? 매번 꺼내기 힘들잖아요. 앨범을 하나 사서 끼워놓으세요." 그러자 아버지가 말했다. "내가 젊었을 적 살던 집에는 비가 오면 항상 물이 샜단다. 그래서 귀한 물건이 있으면 물에 젖을까봐 비닐에 싸서 높은 곳에 두었지. 이제는 물도 안 새는데 그냥 이게 버릇이 돼서 그렇다."

참으로 따뜻한 이야기지만, 감동은 잠시 내려두고 이야기에 나타난 습관의 속성을 살펴보기로 하자. 아버지의 습관이 처음 시작되었을 때, 그것은 분명 합리적인 행동이었다. 그때는 그럴 만한 이유가 있었지만 그 이유가 사라진 지금, 그것은 '이상한 버릇'에 지나지 않는다. 요약하면, 필요에 의해 생긴 행동이 그 필요가 사라진 이후에까지 남아 있으면 '습관'이 되는 것이다.

아버지는 과거 소중한 물건이 물에 젖는 경험을 했다. 그 경험이 반복되다 보니 '비가 오면 물건이 젖을 수 있다'는 믿음이 생겼고, 이것이 '소중한 물건을 비닐에 싸 높은 곳에 보관하는 습관'으로 이어진 것이다. 그러나 이제는 상황이 달라졌다. 상황이 바뀌면 인식도 전환돼야 하는데, 한번 생긴 믿음은 쉽사리 사라지지 않는다. 그래서 아버지는 오늘도 '이상한 습관'을 반복하는 것이다.

'경험 → 믿음 → 행동'으로 이어지는 습관의 고리를 이해하는 것이 완벽주의 치료의 첫걸음이다. 경험은 이미 지나간 일이기에 되돌릴 수 없다. 그러나 자신의 믿음이 잘못된 것임을 깨닫는 것만으로도 많은 사람들이 해방감을 느낀다. 반복되는 고통의 원인을 찾은 것만으로 마음이 한결 편해지는 것이다.

치료를 시작할 용기가 생겼다면, 이제는 잘못된 믿음을 바로잡는 과정에 돌입해야 한다. 소중한 물건이 물에 젖은 경험이 있더라도 그것을 일반화하지 않는 것, 달라진 상황을 이해하고 '비가와도 물건이 물에 젖지 않는다'는 확신을 갖는 것이 치료의 목표가 된다.

'비가 오면 물건이 젖을 수 있다'처럼 잘못된 믿음을 심리학에서는 '왜곡된 인지distorted cognition'라 하는데, 이 잘못된 믿음을 찾아서 고쳐주는 과정이 바로 '인지치료cognitive therapy'다. 인지 치료는 우울증, 조울증, 불안장애를 포함한 많은 정신과 질환에 효과적인 치료법으로 알려져 있는데, 완벽주의를 극복하기 위해서도 이 인지치료 과정이 반드시 필요하다.

백문이 불여일견, 직접 경험해야 변할 수 있다

인지치료에는 반드시 '행동치료behavior therapy'가 수반돼야 한다. 생각을 바꾸는 것만으로는 오래된 습관이 사라지지 않기 때문이다.

아버지가 아들과의 대화를 통해 자신의 행동이 불합리한 것임을 깨달았다 치자. '내가 너무 과거에 얽매여 있었구나. 잘못된 생각을 버려야지.' 아무리 다짐해도 내일이면 다시 하던 대로 하는 것이 인간이다. 그래서 행동치료가 필요한 것이다.

행동치료의 원리는 매우 간단한데, 사실상 습관과 다르게 '행동'하는 것이 치료의 전부다. 다르게 행동해도 자신이 두려워하던 결과가 일어나지 않음을 직접 경험하면, 점차 불안감이 줄어들어 바람직한 행동이 새로운 습관으로 자리 잡는 것이다.

치료 과정을 좀 더 구체적으로 설명하면, 먼저 아버지께서 사진을 앨범에 넣어 서랍에 보관하시도록 만들어야 한다. 그러고는 비가 온 다음 날마다 사진이 물에 젖지 않았음을 확인시켜드리는 것이다. 이런 경험이 반복되면 분명 아버지 마음도 편해지실 거고, 결국 새로운 습관이 자연스레 몸에 밸 것이다.

잘못된 믿음을 교정하는 과정이 인지치료라면, 새로운 믿음을 바탕으로 실제적인 변화를 유도하는 것이 행동치료다. 그렇기에 이 둘은 떼려야 뗄 수 없는 관계다. 행동치료 없는 인지치료는 말뿐인 위로에 불과하고, 인지치료 없는 행동치료는 군대식 극기 훈련에 지나지 않는다. 반드시 두 치료가 함께 이뤄져야 하기에, 이 둘을 합쳐 '인지행동치료cognitive-behavioral therapy; CBT'라 부르는 것이다.

이 책에서 제시하는 완벽주의 치료법 역시 인지행동치료 원리에 기반하고 있다. 그 원칙과 기법을 차용했으나, 실제 상담 경험을 바탕으로 완벽주의 치료에 적합하게 다듬은 나만의 치료법이기에 '완벽주의 극복을 위한 수정 인지행동치료perfectionism-targeted modified CBT'라 부르고 싶다.

1단계: 인지치료,
잘못된 생각 바로잡기

●

"제가 되게 좋아하는 친구가 한 명 있는데, 리더십도 있고 유머감각도 뛰어나고, 어쨌든 굉장히 멋있어요. 저뿐만 아니라 다른 사람들도 다 이 친구를 좋아하죠. 주변에 항상 사람들이 많아요. 그에 비해 저는 그리 재밌지도 않고 리더십도 부족하고……, 제가 생각해도 사람들이 저를 좋아할 만한 이유가 없는 것 같아요."

잦은 무기력감에 시달리던 한 학생이 털어놓은 고민이다. 내가 보기에 학생은 반듯하고 지적인 사람이었다. 충분히 매력적인 사람임에도 스스로를 '사랑받을 자격이 없는 사람'이라 생각하는 것이었다. 지금의 장점으론 충분하지 않고, 부족한 리더십과

유머감각까지 갖춰야 비로소 '사람들이 좋아할 만한' 사람이 될 수 있다던 학생의 말, 그 씁쓸한 표정이 나는 아직도 잊혀지지 않는다.

완벽주의 성향을 가진 사람들은 항상 초조하다. '더 노력해야 한다. 더 잘해야 한다.'는 막연한 압박 때문에 별것 아닌 일에도 걱정이 앞서고, 쉽게 해결할 수 있는 일에도 신경이 곤두선다. 더 나은 무언가가 돼야 한다고 느끼는 습관, 그것이 완벽주의다.

이런 습관이 생긴 데는 분명 이유가 있다. 곰곰이 생각해보면, 완벽을 추구하는 습관 뒤에는 '완벽해야 인정받는다'는 믿음이 자리 잡고 있음을 알 수 있다. 이를 뒤집어보면 '현재의 나는 완벽하지 않기에 인정받지 못한다'는 슬픈 명제가 나온다.

인간이란 관심과 인정을 먹고 사는 동물이다. 돈, 명예, 사랑, 성공, 사람들이 목을 매는 것들이란 결국 '인정받고 싶은 욕구'의 표현에 지나지 않는다. 심리학자 매슬로우Maslow가 제창한 '인간 욕구 5단계 이론'에 따르면, 인간의 욕구는 생리적 욕구, 안전의 욕구, 애정과 공감의 욕구, 존경의 욕구, 자아실현의 욕구 이렇게 다섯 단계로 이루어진다. 사랑, 공감, 존경이란 결국 '타인의 인정'을 뜻하는 말이니, 먹고, 자고, 다치지 않는 동물적 욕구를 제외하면 '인정의 욕구'가 인간의 가장 근본적인 욕구라는 뜻이 된다.

　사람은 인정받아야 살 수 있다. 그런데 완벽주의자는 '완벽'을 '인정'의 기본 조건으로 생각하니 사는 게 힘들다. 분명 이런 믿음이 생긴 데는 '완벽하지 않아서 인정받지 못한' 슬픈 경험이 작용했을 것이다. 그 대상은 부모님 혹은 선생님일 수도 있고, 친구, 이웃, 애인, 아니면 사회 전체일 수도 있다. 어쨌든 몇몇 단편적인 경험들이 뇌리에 강하게 박혀 왜곡된 믿음이 생기고, 이 믿음이 잘못된 습관으로 이어진 것이다. 그래서 좋은 집에 살면서도 물건을 비닐에 싸 보관하는 것처럼, 완벽하지 않아도 되는 일에 완벽을 추구한다.

　요약하면, 완벽주의자가 갖고 있는 잘못된 믿음은 '완벽해야 사랑받을 수 있다'는 것이다. 그래서 불완전하고 흠 있는 존재인 나는 사랑받을 자격이 없다. 완벽이란 지향점에 비하면 나는 항상 부족한 존재일 수밖에 없는데, 인지치료 이론에서는 이렇게 스스로 '결함 있는 존재'라 느끼는 것을 '결핍감sense of defective-ness'이라 부른다. 이 결핍감이 우울, 불안, 강박을 포함한 대부분의 정신과적 질환을 유발한다는 것이 인지치료 이론의 주장이다. 따라서 '완벽해야 인정받는다'는 믿음을 버리는 것, 그럼으로써 결핍감에서 벗어나는 것이야말로 인지치료의 핵심이라 할 수 있다.

이제 완벽주의 치료의 첫 단계에 도달했다. 완벽주의를 극복하고 싶은가? 그렇다면 '완벽해야 인정(사랑)받을 수 있다'는 잘못된 믿음을 버려야 한다. 당신이 완벽하지 않아도 좋아할 사람은 좋아하고, 당신이 완벽해도 싫어할 사람은 싫어한다. 완벽해지기 위해 노력할 시간에 자신을 사랑하고 인생을 즐겨라. 그것이 완벽주의 극복의 첫 걸음이다.

그런데 '완벽'에 대한 믿음이 잘못된 것임을 깨닫는다 해도 오래된 가치관은 쉽사리 사라지지 않는다. 이제부터는 완벽에 대한 강박을 버릴 수 있는 구체적이고 실용적인 '생각 바꾸기 훈련법' 세 가지를 소개하려 한다.

'필수'와 '옵션' 구분하기

연인과 헤어진 똑같은 상황에서 어떤 사람은 조금 슬프다 말고, 어떤 사람은 우울감에 빠진다. 그 차이는 어디서 오는 걸까? 답을 얻기 위해선 슬픔과 우울이라는 감정의 뿌리를 알아야 한다. 슬픔의 전 단계는 상실감이고, 우울의 전 단계는 결핍감이다. 즉, 이별을 상실로 보는 사람은 슬프지만, 결핍으로 보는 사람은 우울하다는 뜻이다. 그럼 또 다른 궁금증이 생긴다. 상실과 결핍의 차이는 뭘까?

상실과 결핍은 대상을 필수로 보느냐 옵션으로 보느냐가 결정한다. 필수적인 것이 없어지면 결핍이지만, 옵션이 사라진 건 상실이다. 자동차를 예로 들어, 핸들은 필수지만 썬루프는 옵션이다. 핸들보다 썬루프가 훨씬 비싸고 사용자에게도 큰 만족감을 주지만, 여전히 썬루프는 옵션이다. 핸들이 없는 차는 차가 아니지만, 썬루프가 없어도 차는 여전히 차기 때문이다. 그래서 핸들이 없으면 많이 걱정해야 하고, 썬루프가 없는 건 조금 아쉬워하면 된다.

필수와 옵션의 차이는 값어치나 효용성으로 결정되는 것이 아니다. 아무리 값지고 쓸모 있어도 '온전한 나'를 만드는 부속품이 아니면 옵션인 것이다. 다시 연애 이야기로 돌아와보자. 연인은 '나라는 존재' 혹은 '나의 인생'에 필수인가 옵션인가? 사실 젊은이에게 연애만큼 중요한 것도 없고, 사랑만큼 큰 기쁨을 주는 일도 없다. 그럼에도 불구하고 연인은 내가 아니며, 연인과의 관계 역시 내 삶의 필수적인 요소가 아니다. 연인과 헤어져도 나는 여전히 나고, 내 인생은 전과 같이 온전하다. 나는 학생들에게 이별을 맘껏 슬퍼하라고 조언한다. 그러나 결핍감을 느껴서는 안 된다. 옵션이 없어진 것에 결핍감을 느끼는 것은 매우 위험한 일이다.

완벽주의자들은 자주 옵션을 필수로 착각하는 우를 범한다. 그래서 별것 아닌 일에도 걱정하고 조바심을 낸다. 이 사람이 나를 싫어하면, 혹은 이 일이 잘 안 되면 나라는 존재가 무너질 것처럼 걱정하는 경우를 종종 본다.

"친구 무리 중에 한 명이랑 좀 싸웠는데 화해하려 해도 계속 냉담해요. 지금도 같이 다니긴 하는데 그 친구랑은 말도 안 하고 계속 불편하게 지내요. 너무 신경을 쓰다 보니 요즘엔 잠도 잘 안 오고 기분까지 우울해지는 것 같아요."

"이번 학기에 성적이 많이 떨어졌어요. 지난 학기까진 3.5는 넘었는데 이번에는 3.0을 겨우 넘었거든요. 되게 자존감이 떨어지는 느낌이에요. 다른 애들이 제 성적을 모르는데도 왠지 모르게 위축되고 의기소침해져요."

상담을 하다 보면 많은 학생들이 이런 고민을 털어놓는다. 물론 친한 친구와 싸우고 기분이 좋을 리 없고, 성적이 떨어진 것을 웃으며 넘길 사람은 없을 것이다. 그러나 우울하고 자존감이 떨어지는 것은 너무 과하다. 친구와 좀 다퉜다고 내 인간관계가 무너지는 것도 아니고, 성적이 3.0으로 떨어졌다고 좋은 의사가 될 수 없는 것도 아니다. 친구와 잘 지내고 성적도 잘 받으면 좋겠지만, 그렇지 못해도 나는 여전히 나다. 상실감에 그치면 될 일에 결핍감을 느껴선 안 된다. 그래서 나는 학생들에게 이렇게 충고한다.

"물론 친구와 잘 지내고 성적을 잘 받으면 좋죠. 하지만 그렇지 못하다고 내 인생에 구멍이 생기는 건 아닙니다. 지금 눈앞에 놓인 것이 '있으면 좋은 것'인지 '없어선 안 되는 것'인지 구분할 필요가 있습니다. 필수와 옵션을 구별하고, 옵션이 없어졌을 때는 조금만 슬퍼하세요. 옵션이 없어도 인생은 잘 굴러갑니다."

완벽주의로 고통받는 모든 이들에게 전하고 싶은 이야기다. 어떤 일에 너무 불안하고 조바심이 든다면, '이것이 내 인생에 필수인가, 옵션인가?'를 자문해보길 바란다. 필수가 아니라 판단되면 너무 고민하지 말아야 한다. 이런 질문을 통해 불필요한 에너지 낭비를 줄이고, 그렇게 모아진 에너지를 자신의 행복을 위해 써야 한다. 필수와 옵션을 구분할 것. 이것이 완벽주의 극복을 위한 첫 번째 팁이다.

'하고 싶은 일'과 '해야 하는 일' 구분하기

—

'필수'와 '옵션'을 구분하지 않고 뭐든 없으면 큰일 날 것처럼 조바심을 내듯, 완벽주의자들은 '하고 싶은 일'과 '해야 하는 일'을 구분하지 않고 매사에 전력질주한다. 모든 일에 '얻을 수 있는 것은 다 얻어가겠다'는 마음으로 임하다 보니 쉽게 지치고 우울해지는 것이다. 학생들을 상담하면서도 이런 경우를 자주 목격한다.

"공부하는 데 어떤 부분은 재밌고 어떤 부분은 재미가 없어요. 재미없는 부분은 진도도 더딜뿐더러, 자꾸 '이 공부가 내 적성에 안 맞나?'라는 생각이 들어 불안해져요."

"악기 동아리를 하는데 동기들보다 실력이 더디게 느는 것 같아요. 요즘에는 저보다 1년 늦게 시작한 후배들까지 저보다 잘하는 것 같아서 동아리 모임 나가기가 괴로워요."

이것이 전형적인 완벽주의자의 사고방식이다. 한 가지 목표에 집중하기보단 모든 면에 욕심을 내는 것이 완벽주의자들의 특징인데, 이런 마음으로는 이도저도 안 된다. 여기서 바로 '해야 하는 일'과 '하고 싶은 일'을 구분하는 지혜가 필요한 것이다.

학생에게 공부란 '해야 하는 일'이다. 해야 하는 일에서 중요한 것은 '효율'과 '성과'다. 효율적으로 공부해서 필요한 성적을 얻으면 되는 것이지, 재미는 중요하지 않다. 물론 공부할 때 재미도 있으면 좋겠지만, 어디까지나 '있으면 좋은 것'일 뿐이다. 해야 하는 일은 정확한 목표를 정해서 빨리 끝내면 된다. 재미나 가치까지 얻으려 하는 것은 지나친 욕심이다.

반면 의대생이 악기를 다루는 것은 어디까지나 취미생활, 즉 '하고 싶은 일'이다. 하고 싶은 일에서 중요한 것은 '즐거움'이다. 악기를 즐겁게 하면 그뿐, 잘하고 못하고는 중요치 않다. 물론 재미로 시작한 일에서 성과까지 내면 금상첨화겠지만, 그건 어디까지나 옵션일 뿐이다. 악기를 잘하지 못한다고 의기소침해지는 것은 명백히 '불필요한 불행'이다.

나는 '위기일수록 본질에 집중하라'는 격언을 완벽주의자들에게 꼭 해주고 싶다. 매사에 너무 힘이 들고 지친다면 한번쯤 멈춰서서 내 앞에 놓인 일의 본질이 뭔지를 생각해볼 필요가 있다. 이때 '하고 싶은 일'과 '해야 하는 일'로 구분하는 것은 일의 본질을 판단하는 데 좋은 기준이 될 수 있다. 하고 싶은 일이라면 즐거움에 집중하고, 해야 하는 일이라면 효율성에 집중하라. 모든 면에서 완벽할 순 없다. 삶에서 불필요한 생각들을 쳐내고 본질에 집중하는 것이야말로 요즘 유행하는 '심플 라이프'의 핵심이 아닐까?

완벽주의자들이 흔히 범하는 또 다른 실수는 '해야 하는 일'을 하면서 정확한 목표를 설정하지 않는 것이다. 해야 하는 일에서는 가장 먼저 목표치를 설정해야 한다. '효율'과 '성과'란 먼저 명확한 목표치가 설정된 후에야 가능한 일이기 때문이다.

당신이 공사현장에서 일하게 되었다고 상상해보자. 작업반장이 "여기 모래를 퍼서 2층에 쌓아놓으세요"라는 지시를 내렸다. 당신은 작업반장에게 어떤 질문을 던져야 할까? 당연히 "얼마나 쌓아놓으면 되나요?"를 물어야 한다. 그것을 묻지 않고 '많이 옮기면 옮길수록 좋겠지'라고 생각하며 하루 종일 삽질하는 사람이 있다면 아마 바보 소리를 들을 것이다.

그런데 현실에서는 이런 바보 같은 일이 종종 벌어진다. 내가 만난 많은 학생들이 "성적을 더 올려야 할 것 같아요"라고 말한다. 그런데 이들에게는 '성적을 얼마나 올려야 하는지' 혹은 '왜 그만큼의 성적이 필요한지'에 대한 인식이 전혀 없다. 그저 "성적은 좋을수록 좋은 거 아닌가요?" 같은 막연한 생각으로 자신을 괴롭힐 뿐이다. 그래서 20등은 10등이 되지 못해 불행하고, 10등은 1등이 되지 못해 괴로운 사태가 벌어진다. 이런 학생들에게 "20등도 높은 등수인데 왜 꼭 10등 안에 들어야 하는 거죠?"라고 물으면 꿀 먹은 벙어리가 되기 일쑤다.

'해야 하는 일'에는 반드시 명확한 목표와 그 이유가 있어야 한다. 그것을 정하기 전에는 아예 시작해선 안 된다. 그렇지 않고 다다익선多多益善의 마음으로 모든 일에 임한다면 항상 부족한 느낌에 고통받는 사람, 자신을 미워하는 사람이 될 수밖에 없다.

이제 완벽주의를 버리는 두 번째 팁을 정리하려 한다. 어떤 일이 나를 너무 힘들게 한다면, 이것이 나에게 '해야 하는 일'인지 '하고 싶은 일'인지 구분해보자. 실제로는 두 가지가 섞여 있는 경우도 많지만, 우선은 무 자르듯 정확히 구분해보는 것이 좋다. 그래서 해야 하는 일로 결론이 나면, 정확한 목표치를 정한 후 효율적인 방법으로 성과를 내면 된다. 오직 '효율성'에 집중하고 그 외의 것들은 잊어라. 반면, 하고 싶은 일이라면 '즐거움'에 집중하라. 그리고 즐거움 외의 것들은 신경 쓰지 마라. 이것이 인생을 심플하게 살 수 있는 방법이다.

'조작적 정의' 내리기

—

완벽주의자가 불행한 이유는 자신이 세운 기준에 비해 스스로 부족하다고 느끼기 때문이다. 그런데 이 기준이란 것이 지나치게 높을 뿐만 아니라, 애매하고 추상적일 때가 많다. '90점 이상 받고 싶다. 120명 중 10등 안에 들고 싶다.'는 그나마 건강한 목표일 정도로, 대부분의 학생들은 '더 잘하고 싶다. 스스로 만족할 만한 결과를 얻고 싶다.'는 식의 뜬구름 잡는 목표를 이야기한다. 이런 추상적인 목표는 결코 손에 잡을 수 없다. 밤하늘의 달을 쫓듯, 아무리 열심히 달려도 어느새 저만치 멀어져 있는 것이다.

그래서 학생들에게 자신의 목표를 구체화할 것을 권하는데, 이것이 바로 '조작적 정의operational definition' 내리기 치료법이다. 조작적 정의란 자연과학이나 사회과학에서 사용하는 용어로 '그 용어가 적용되는지 안 되는지를 결정하는 특정한 기준이나 절차를 구체화하는 것'을 의미한다. 다시 말해, 측정할 수 없는 것을 측정할 수 있는 방식으로 재정의하는 것이다.

당신이 'SNS를 많이 사용하는 사람은 불면증 빈도가 높을 것이다'는 가설을 세우고 연구를 수행한다고 가정해보자. 'SNS를 많이 사용하는 사람'에 대한 당신 나름대로의 기준이 있겠지만, 이런 추상적인 용어로는 연구를 진행할 수 없다. SNS를 많이 사용하는 사람과 그렇지 않은 사람을 나눌 수 있는 정확한 기준이 필요한데, 이를 테면 '이 연구에서는 하루에 5번 이상 SNS 계정에 로그인하고, 일주일에 3번 이상 자신의 사진이나 글을 업로드하는 사람을 SNS를 많이 사용하는 사람으로 정의하겠다'고 명시하는 것이다. 이렇게 실용적인 목적으로 내린 자의적 정의를 조작적 정의라 한다.

'내가 사용하기 위해 만든 임시 정의'기 때문에 조작적 정의에서 보편타당성은 중요하지 않다. 누군가 "내가 볼 때 저 정도는 SNS를 많이 하는 게 아닌데"라고 시비를 걸어도 상관없다는 뜻이다. 물론 기존 문헌을 참고해서 어느 정도 근거 있는 기준을 도출하지만, 근본적인 특성상 조작적 정의는 모두의 동의를 필요로 하지 않는다.

그래서 나는 학생들에게 이렇게 말한다.

"자신이 그토록 이루고 싶은 목표, 이루지 못해 괴로운 그 목표를 한번 구체적으로 정의해보세요. 남들 기준과 다르더라도 본인이 생각하는 '나만의 목표'를 정의해보는 겁니다."

이렇게 얘기해도 바로 조작적 정의를 내리는 학생은 드물다. 대부분 조금 구체화되었지만 여전히 추상적인 이야기에 머문다. 다음은 "진정한 친구가 없는 것 같아요"라는 고민으로 찾아온 학생과 나눈 대화다.

나 학생이 생각하는 '진정한 친구'란 무엇인지 구체적인 정의를 내려볼까요.

학생 속마음까지 털어놓을 수 있는 사람이 아닐까요.

나 그건 너무 애매한데요. 조금 더 구체적으로 표현하면?

학생 가족에게 말하지 못한 비밀까지 털어놓을 수 있는 사람.

나 조금 구체화되긴 했는데 여전히 애매한 구석이 있네요.

이런 과정을 여러 차례 반복해야 진정한 의미의 '조작적 정의'에 도달할 수 있다. 조작적 정의의 가장 큰 특징은 '측정가능성 **measurability**'에 있다. 다시 말해, 정의만 들으면 누구든 그 기준에 해당하는 사람과 아닌 사람을 구분해낼 수 있어야 한다는 뜻이다. 기준에 동의하지 않는 사람이라도, "그런 기준이라면 내 경우엔 ○○○, □□□가 진정한 친구다"고 말할 수 있어야 한다.

결국 조작적 정의의 가장 큰 특징은 '숫자'로 표현된다는 데 있다. 반드시 그래야 하는 건 아니지만, 좋은 조작적 정의는 대부분 숫자다. 그럼 대부분의 학생들은 이렇게 반응한다. "우정을 어떻게 숫자로 규정할 수 있나요?" 내 생각엔 규정할 수 있다. 규정하지 않고 마냥 괴로워하느니 한번쯤 규정해보는 것이 낫다. 그렇게 긴 설득 끝에 이 학생이 내린 정의는 다음과 같다.

학생 진정한 친구라면 적어도 일주일에 3번 이상은 카톡을 주고받고, 한 달에 2번 이상 만나며, 서로의 생일에 5만 원 이상의 선물은 주고받아야 하지 않을까요.

나 네, 좋은 조작적 정의네요. 이렇게 정의를 내려보니까 어떤 느낌이 드나요?

학생 이 기준에 완전히 만족하는 건 아니더라도 비슷한 친구는 꽤 있는 것 같아요. 그리고 '내가 너무 쓸데없는 기준에 집착했구나' 싶기도 하구요.

조작적 정의를 내리고 난 학생들의 반응은 크게 두 가지다. 생각보다 많이 기준에 도달했음을 알고 만족하거나, 자신이 정한 기준이 허무맹랑함을 깨닫고 포기하는 것인데, 어떤 방향이든 마음이 편해지는 데는 탁월한 효과가 있다. 처음엔 우습게 느껴졌던 숫자놀음이 자신의 가치관을 검증할 수 있는 기회를 제공하는 것이다. '애인이 자상하지 않다'며 불평을 일삼던 학생 한 명도 '자상한 애인'을 연락 횟수, 만나는 빈도, 선물금액 등으로 정의 내려본 후 현재 연애에 만족하고 상담실을 떠났다.

완벽주의로 고통받는 모든 사람들에게 자신의 목표에 조작적 정의를 내려보길 권한다. 그래서 부족한 부분을 알게 된다면 정확히 채우면 되고, 쓸데없는 욕심임을 깨닫는다면 버리면 된다. 어떤 방향이든 추상적인 목표로 자신을 학대하는 것보다는 훨씬 낫다. 행복은 손에 잡는 것이지 뜬구름 속에 있는 것이 아니기 때문이다.

2단계: 언어습관 교정,
말버릇이 인생을 바꾼다

●

인지치료를 통해 불필요한 생각들을 쳐내면 삶이 한결 가벼워 진다. 이제 맑아진 몸과 마음을 바탕으로 본격적인 행동치료에 돌입하면 된다. 행동치료란 두려움과 직접 맞서는 과정이다. 두 려워서 하지 못했던 행동을 직접 해보는 것, 그것이 행동치료의 시작과 끝이다.

예를 들어, 높은 곳을 두려워하는 고소공포증 환자의 행동치 료는 건물 옥상에 올라가는 것이다. 하루에 한 층씩 천천히 꼭대 기까지 올라가는 방법을 '점진적 노출법', 바로 옥상으로 올라가 는 방법을 '홍수법'이라 부르는데, 결국 두려움에 직면한다는 점 에서는 차이가 없다. 그렇게 옥상에 올라가서 복식호흡법이나 근 육이완법으로 몸과 마음을 진정시킨 후 아래를 내려다본다. 자신이 두려워했던 결과가 발생하지 않는다는 것을 직접 확인하면 마음이 한결 편해지는데, 이런 노출치료를 여러 번 반복함으로써 공포증을 극복할 수 있다.

행동치료를 제안하면 환자들은 항상 이렇게 말한다. "무서운데 어떻게 올라가요. 두려움이 사라지면 그때 올라갈게요." 그러나 환자가 말하는 '그때'는 영원히 오지 않는다. 두려움이 없어지면 행동하는 것이 아니라, 행동함으로써 두려움을 없애는 것이 행동치료의 핵심이다. 다시 말해, '두려움이 없는 사람처럼 행동하는 것'이 행동치료다.

따라서 완벽주의의 행동치료는 '완벽주의가 없는 것처럼 행동하기'로 요약할 수 있다. 그런데 고소공포증이나 대인기피증같이 명백한 대상이 있는 불안장애와 달리, 완벽주의 행동치료는 무엇을 타깃으로 할지가 애매하다. 나 역시 이 부분을 가장 많이 고민했는데, 학생들을 오래 관찰하면서 그들에게 공통된 언어습관, 다른 말로 독특한 화법이 있다는 사실을 발견했다. 그렇게 완벽주의적 성향이 극명하게 드러나는 말투, 즉 '완벽주의 화법'이 존재한다는 것을 깨달은 후부터 '말하기'를 타깃으로 행동치료를 시작하게 된 것이다.

완벽주의자의 언어에는 감정이 극도로 억제되고 논리나 가치

판단이 부각되는 특징이 있다. 그래서 언뜻 '무심'한 듯한 인상을 주기도 하는데, 구체적인 특징을 꼽아보면 다음과 같다.

1. '없는 것'을 자주 언급한다.
2. '가정법'을 많이 사용한다.
3. 형용사나 부사 등 '꾸밈말'을 많이 사용한다.

이런 언어습관들은 '이상적인 가치나 목표를 설정하고 이에 도달하려 끊임없이 노력하는' 완벽주의 가치관을 여실히 드러낸다. 이들이 왜 완벽주의 언어인지는 뒤에 자세히 설명할 것이다. 어찌됐든 완벽주의 행동치료는 이런 '말버릇'을 고쳐나가는 것이다.

실제 상담에서는 학생에게 아무 이야기나 자유롭게 말하도록 시킨 후 논술 첨삭처럼 잘못된 언어습관을 하나하나 교정해준다. 이런 작업을 오래 반복하면 학생의 언어습관이 몰라보게 달라지는데, 말이 바뀌니 사람에게서 풍기는 느낌까지 변한다. 그래서 친구나 가족들에게 "왠지 달라진 것 같다. 활기차진 것 같다."는 말을 듣기도 하는데, 그런 소식을 전해들을 때마다 상담의사로서 더없이 큰 보람을 느낀다.

'언어가 사고를 지배한다'는 유명한 말이 있다. 기본적으로 언어란 사고의 표현이지만, 언어의 힘이 너무도 강력하다 보니 거꾸로 사고를 통제하기도 한다. 그래서 말버릇을 바꾸면 생각이 바뀌고, 생각이 바뀌면 가치관이 바뀌어서, 결국 성격이 바뀌는 것이다. 완벽주의 치료가 뭔가 거창한 것일 줄 알고 오는 학생들이 있으면, 나는 이렇게 이야기한다.

"지금 하는 치료가 사소해 보일 수 있지만, 작은 말버릇이 인생을 바꿉니다."

언어습관 교정은 내가 학생들과의 심리치료에서 가장 중점을 두는 부분이며, 완벽주의를 극복하고 싶은 모든 사람들에게 권하고 싶은 치료다. 전문가가 하나하나 교정해주는 식으로 치료가 진행되면 좋겠지만 혼자서도 얼마든지 언어습관을 교정할 수 있는데, 그 방법은 다음과 같다.

먼저, 지인과 편하게 이야기 나누는 자리에서 대화를 녹음한다. 그리고 혼자 자신이 한 말을 들어본다. 이때 가능하면 자신의 말을 대본처럼 쭉 받아 적는 것이 좋다. 다음으로, 자신의 말에서 위에 언급한 세 가지 특징이 드러난 부분을 모두 체크한다. 그리고 같은 내용을 이런 표현 없이 다시 한 번 말해본다. 세 가지 표현을 빼고도 자신이 하고 싶은 말을 모두 전달할 수 있다면 치료는 성공이다. 이런 과정을 여러 차례 반복하면 자신도 모르는 사이에 말투가 변한 것을 발견할 수 있을 것이다.

군이 녹음과 받아 적기라는 귀찮은 과정을 강조하는 이유는, 언어란 냄새와 같아서 누구나 자신에게서 풍기는 냄새를 정확히 알기 어렵기 때문이다. 실제로 학생들에게 말투를 지적하면 하나같이 "제가 그렇게 말하는지 전혀 몰랐네요"라는 반응이 돌아온다. 변화는 항상 고통스럽다. 익숙함을 벗어나 '새롭게 보기'를 시도해야만 변화를 이끌어낼 수 있다.

심각한 완벽주의를 가진 사람이 아니더라도, 이런 언어습관 교정은 누구에게나 도움이 된다. 몇 가지 버릇만 교정해도 말이 한결 생기있어지고, 나아가 삶까지 활기차지는 것을 느낄 수 있을 것이다. 그럼 이제부터 우리가 교정해야 할 잘못된 언어습관이 무엇인지 하나하나 설명하도록 하겠다.

'없는 것'에 대해 말하지 않기

———

"여행을 잘 다녀오긴 했는데, 뭔가 배운 게 없는 것 같아요."
"남자친구랑 있으면 참 좋긴 한데, 왠지 설렘이 없어요."
"동생이 하나 있는데, 친밀감이 그다지 없는 것 같아요."

완벽주의 성향을 가진 학생들은 이런 표현을 습관적으로 사용한다. 그럴 때마다 나는 묻는다. "그게 왜 꼭 있어야 하죠?" '없는 것'에 대해 말하는 것은 명백히 완벽주의적인 표현이다. 왜냐하면 '없는 것'을 말하는 데는 '그것이 있어야 한다'는 전제가 깔려 있기 때문이다. 다시 말해 '없다'는 말 앞에는 "당연히 있어야 하는데'라는 말이 생략돼 있다. 그래서 '없는 것'을 말하는 습관은 '이상적인 기준을 설정하고 부족한 부분에 집중'하는 완벽주의자의 특성을 여실히 보여준다.

왜 여행에서 꼭 배우는 게 있어야 하는가? 왜 연인 사이에 꼭 설렘이 있어야 하는가? 왜 형제지간에 꼭 친밀감이 있어야 하는가? 이 질문에 "당연히 그래야 하지 않나요?"라고 대답한다면 당신은 십중팔구 완벽주의자다. 앞서 말했듯, 완벽주의자의 가장 큰 특징은 '당위성'에 집착하는 것이기 때문이다.

완벽주의를 고치려면 이 말투부터 버려야 한다. 그래서 나는 학생들에게 "'없는 것'이 아니라 '있는 것'으로 이야기하면 좋겠네요. 지금 한 얘기를 다시 말해볼래요?"라고 요구한다. 그런데 내 의도와는 다른 엉뚱한 대답이 나올 때가 많다. "남자친구와 설렘이 없어요"를 다시 말해보라는 주문에 "남자친구와 만나면 편안한 건 있어요"라고 답하는 것이다. '있는 것'을 말하라는 것은 억지로 장점을 끄집어내라는 뜻이 아니다. 부정적인 감정을 표현할 때 '없는 것'을 언급하며 돌려 말하지 말고 감정 자체를 있는 그대로 표현하라는 뜻이다. 그래서 "남자친구와 설렘이 없어요" 대신 "남자친구를 만나면 지루할 때가 있어요"라고 말해야 한다. 설렘이 '없다'보다는 지루함이 '있다'가 훨씬 솔직한 표현이다.

행복해지기 위해서는 자기 감정에 솔직해야 한다. 그렇다면 완벽주의자들이 감정에 솔직하지 못한 이유는 무엇일까? 위 사례를 보면 그 이유를 어렴풋이 짐작할 수 있을 것이다. 애인과의 만남이 '지루하다'고 말하는 데는 대단한 용기가 필요하다. 아무리 제3자에게라도 그런 말을 한다는 것 자체가, 나아가 그런 생각을 했다는 것 자체가 남자친구에게 미안한 일이기 때문이다.

이렇듯 '없는 것'을 언급하는 습관에는 죄책감의 정서가 깔려 있다. 자신의 집을 방문한 손님에게 주인이 이렇게 말한다. "아이고, 뭐라도 대접해야 되는데 집에 변변히 마실 것도 없네요." 이 말에는 "마실 것 정도는 당연히 있어야 하는데……"라는 전제가 생략돼 있다. 그리고 이 말은 명백한 미안함의 표현이다. 이제 '없는 것'을 말하는 것과 완벽주의, 그리고 죄책감의 관계를 이해할 수 있겠는가?

앞서 완벽주의자는 매사에 죄책감을 느낀다고 했다. 이 죄책감을 피하기 위한 나름대로의 방법이 '없는 것'을 언급하며 돌려 말하는 것이다. 덜 미안하기 위해 '설렘이 없다'는 다소 완곡한 표현을 택한 것인데, 문제는 도리어 이런 표현을 함으로써 남자친구와의 관계에 뭔가 결함이 있는 것처럼 느껴진다는 데 있다. 당연히 있어야 할 설렘이 없다는 건 연인 사이에 위기가 아니겠는가. 이런 표현 하나가 멀쩡한 관계를 문제 있는 관계로 둔갑시킨다. 결핍감을 느껴 이런 말을 하는 게 아니라, 이런 말을 하다 보니 결핍감이 느껴지는 것이다.

행복한 사람들은 대체로 감정 표현에 솔직하다. 때로는 너무 직설적이게 느껴질 때도 있지만, 결국은 솔직함이 이긴다. "솔직한 것은 언제나 옳다." 내가 학생들에게 자주 하는 말이다. 솔직한 감정 표현이 좋은 이유는 뒤끝 없이 더 나은 방향을 생각하게 해주기 때문이다. "남자친구와 지루하다"고 말하면 '어떻게 하면 안 지루할까'를 생각하게 되지만, "설렘이 없다"는 말은 '우리 사이가 이렇게 되다니'라는 절망으로 이어지기 쉽다.

그러니 '없는 것'을 말하지 말자. 애매한 표현으로 없는 문제를 만들지 말고, 그저 자신의 감정을 있는 그대로 표현하자. 이것이 인생을 바꾸는 첫 번째 언어습관이다.

가정법 사용하지 않기

———

지금까지 '없는 것'에 대해 말하지 말아야 함을 설명했는데, 사실상 '없는 것'에 대해 말하는 가장 체계적인 방법이 가정법이다. 언어를 일컬어 인류 최대의 발명품이라 하는데, 그중에서도 가장 대단한 것이 가정법이다. 가정법은 인간에게 사고의 경계를 허물 수 있는 힘을 주었다. 가정법이 있기에 우리는 우주에도 갈 수 있고, 과거와 미래를 마음껏 넘나들 수도 있다. 자유로운 상상력이 인류 발전의 원동력이 되었음을 고려하면, 가정법이야말로 '가장 인간다운' 언어다.

그러나 때로는 가정법이 우리의 행복을 방해하는 훼방꾼이 되기도 한다. 반려동물을 키우는 사람들은 종종 이런 말을 한다. "강아지(혹은 고양이)처럼 살고 싶어요. 얘들은 오직 눈앞에 있는 것에 집중하고, 현재를 즐기며 살거든요." 인간이 동물과 다른 것은 언어가 있기 때문이다. 그렇다면 인간이 동물보다 불행한 이유 역시 언어 때문일까? 언어를 통해 '눈앞에 없는 것'을 상상할 수 있는 능력, 그것이 인간에게는 축복이자 저주다.

가정법은 대체로 '선택하지 않은 길'이나 '미래의 가능성'을 이야기할 때 사용된다. 그래서 자신의 선택이나 미래에 확신이 없는 특성을 가진 완벽주의자들은 가정법을 유난히 많이 사용한다. 이런 특징은 일상적인 대화에서도 여실히 드러난다.

"방학 동안 너무 집에만 있는 것 같아 어제는 무작정 혼자 나가봤어요. 전시회도 가고 커피도 마셨는데, 막상 돌아다니니까 너무 덥더라고요. 그래서 '그냥 집에 있었으면 좋았을걸' 하고 생각했어요."

지극히 평범한 이야기 같지만 여기에는 가정법의 함정이 숨어있다. 내 선택이 정답이 아닐지 모른다는 두려움, 내가 선택하지 않은 길에는 좋은 것만 있을 것 같은 막연한 상상, 이런 것들이 완벽주의자의 전형적인 '자기비하적 사고'다. 가정법을 쓰지 않고 "밖에 나갔더니 너무 더워서 힘들었어요"라고 말했다면 그저 '좀 힘들었던 외출'로 그칠 것을, 군이 자신이 선택하지 않은 옵션과 비교함으로써 스스로를 '판단력이 부족한 사람'으로 만든 것이다.

이외에도 학생들은 가정법을 수시로 사용하는데, "만약 이렇게 했다면 결과가 달라졌을까요?" 식의 후회가 대부분이다. '상상'을 위해 만든 가정법이 실제로는 '후회'에 가장 많이 사용되는 것이다. 후회는 인생에 도움이 되지 않는다. 다른 선택을 해서 결과가 달라졌을지는 오직 신만이 아는 일이다. 인간은 그저 자신의 선택에 집중하며 살아가면 그만이다.

그래서 나는 발표나 토론처럼 논리적인 말하기가 아닌 이상, 일상적인 대화에서는 가정법을 사용하지 말 것을 권유한다. 과거에 대한 후회, 미래에 대한 불안보다는 지금 눈앞에 있는 것에 집중해야 행복한 삶을 살 수 있기 때문이다.

'Here and now', 정신과 의사들이 입을 모아 이야기하는 행복의 원칙이다. 지금 여기 있는 것을 즐길 줄 아는 사람만이 행복할 수 있다. 그러니 가정법은 사용하지 말자. 싫은 게 있으면 싫다고 얘기하자. "이러면 좋았을 텐데"같이 솔직하지 못한 말은 하지 말자. 이것이 인생을 바꾸는 두 번째 언어습관이다.

꾸밈말 사용하지 않기

———

완벽주의 극복을 위한 세 번째 언어습관은 '형용사나 부사 같은 꾸밈말 사용하지 않기'다. 첫 번째와 두 번째에 비하면 이번 조언은 다소 의아하게 들릴 수 있다. 형용사와 부사는 언어를 이루는 핵심 요소이고 분명한 쓰임새가 있는데, 무턱대고 쓰지 말라 하니 이상한 소리로 들릴 것이다. 굳이 양보하면 형용사와 부사는 '웬만하면' 쓰지 않기인데, 어쨌든 쓰지 말아야 한다는 생각에는 변함이 없다.

사실 '완벽주의자의 말버릇' 중 가장 문제가 되는 것이 바로 이 꾸밈말이다. 왜냐하면 꾸밈말을 사용하는 것이 너무 자연스러운 일이기 때문이다. 너무 익숙해서 그것이 완벽주의를 반영하는 표현인지 조차 알기 어렵다는 점, 그것이 문제를 심각하게 만든다.

꾸밈말에는 형용사와 부사가 있다. 먼저 부사는 문장에서 형용사나 동사를 꾸며주는 역할을 하는데, 네이버 어린이 백과사전에서 부사의 예시로 '자세하게 말해봐'나 '빠르게 달려' 같은 문장을 소개한 것을 보면 결국 부사의 주된 역할이란 일의 '강도'나 '수준'을 표현하는 것이다. 완벽주의가 모든 일이 완벽한 수준에 도달하길 바라는 심리임을 고려하면, 완벽주의자들의 부사 사랑은 쉽게 예측할 수 있다.

내가 만난 많은 학생들은 부사를 습관적으로 사용했다. 오랜 경험을 통해 나는 완벽주의자들이 좋아하는 부사 5가지를 알아낼 수 있었다. 바로 '완벽히', '제대로', '충분히', '열심히', '잘'인데, 심한 경우 이 단어들 없이는 한 문장도 이어나갈 수 없을 정도로 학생들의 부사 의존도는 절대적이었다.

"학교생활을 잘 하고 있는 건지 모르겠어요."

"도서관에 앉아 있긴 했는데 공부를 제대로 했는지는 모르겠어요."

"동기들이랑 충분히 친해진 것 같지가 않아요."

"방학 때도 뭔가 열심히 살아야 할 것 같아요."

왠지 마음이 무거워지는 말들 아닌가? 뭔가 부족한 느낌, 더 노력해야 할 것만 같은 느낌이 든다. 이런 부사들이야 말로 완벽주의 가치관을 극명히 보여주는 것, 어쩌면 완벽주의 그 자체다. 애초에 완벽이란 단어가 '완벽히'라는 부사 형태로 가장 많이 쓰이지 않는가?

이런 부사들에는 이상적인 목표를 추구하게 만드는 공통점이 있다. 도서관에 다녀온 아들에게 엄마가 "공부했니?"라고 묻는 것과 "공부 제대로 했니?"라고 묻는 것은 대답하는 사람의 부담 면에서 전혀 다르다. 아마 엄마 말 잘 듣는 착한 아들이라면 후자의 질문에 '도서관에 앉아 있긴 했지만 제대로 공부한 시간이 얼마나 됐던가. 앞으로는 더 분발해야겠다.'며 자신을 반성할 것이다.

그래서 쓸데없는 부사는 사람을 조급하게 만든다. 공부를 하면 하고 안 하면 안 하는 거지 '제대로' 하는 것은 또 무엇이며, 친하면 친하고 안 친하면 안 친한 거지 '충분히' 친한 것은 무얼 말하는 것인가? 부사를 사용함으로써 자꾸 현재를 비하하고 더 높은 목표만 추구하게 되는 것이다.

나는 과감히 모든 대화에서 부사를 사용하지 말 것을 권한다. 그게 어렵다면, 적어도 앞서 언급한 다섯 가지 부사는 사용하지 말았으면 한다. '잘 살려 하지 말고 그냥 살아라.' 이것이 완벽하지 않은 세상에서 내 마음을 지키며 살 수 있는 작은 비법이다.

형용사는 부사만큼 노골적이진 않지만 은근하게 완벽주의의 발톱을 드러낸다. 완벽주의자는 무슨 일에든 판단하고 결론 내리려는 욕구가 강하다. 이는 그들이 갖는 '무지에 대한 공포'를 보여주는데, 결국 판단이란 잘 모른다는 불안감을 극복하기 위한 나름의 방어기제인 셈이다. 그래서 완벽주의자의 언어에는 논리와 판단이 강하게 묻어나고, 감정과 욕구는 철저히 감춰져 있다.

형용사는 문장을 '감정형'보다 '판단형'으로 만드는 역할을 한다. 그래서 형용사는 완벽주의자의 '최애 아이템'이다. 학생들과 상담하면서 그들의 강렬한 형용사 사랑을 어렵지 않게 발견할 수 있었다.

"친한 동기 한 명이 있는데, 참 좋은 애예요."
"유럽에 다녀왔는데, 참 즐거운 여행이었어요."

"어제 새로 개봉한 영화를 봤는데, 좀 지루한 영화였어요."

언뜻 평범해 보이는 이 문장들에는 '판단의 강박'이 숨겨져 있다. 좋은, 즐거운, 지루한, 이런 형용사를 사용하여 자신의 감정을 보편적 사실인 양 포장했기 때문이다.

"○○○은 참 좋은 사람이다."
"나는 ○○○이 참 좋다."

이 두 문장은 같은 의미인가? 누구든 어렵지 않게 두 문장의 차이를 알아챌 수 있을 것이다. 후자가 솔직한 감정의 표현이라면, 전자는 마치 보편적 사실인 양 위장하며 대상과 거리감을 두는 느낌이다. 만약 고백에 대한 답이라면, 전자는 거절이고 후자는 승낙이다. 이처럼 두 문장은 결코 같은 의미일 수 없다.

문제는 자신의 감정을 표현하면서 형용사형 문장을 사용하는 데 있다. "나는 걔가 좋아"라고 말하면 될 것을 "걔는 좋은 사람이야"라고 맘대로 결론을 내버린다. 이런 섣부른 판단은 자칫 갈등을 초래할 수 있다. 누군가는 "내가 보기에는 그렇게 좋은 사람이 아닌 것 같은데" 하며 반기를 들 수 있다는 말이다. 적어도 "나는 걔가 좋아"라는 '감정형' 문장을 사용했다면 "너는 그랬구

나. 근데 나는 이런 적이 있어서……"라며 훨씬 부드럽게 대화가 진행되지 않았을까?

여행을 즐거운 것으로 규정짓는 말도, 영화를 지루한 것으로 단정하는 말도 누군가의 의견과는 충동할 수 있다. 불필요한 마찰은 인생을 피곤하게 만든다. 그런데 꼭 타인과의 마찰이 아니더라도, 섣부른 판단은 스스로의 마음에 고민을 남긴다. 만약 '좋은 사람'이라 결론 내린 사람에게 상처받는 일이 생기면, 스스로 이 상황을 받아들이기가 어려워지는 것이다. 이 사람은 분명 좋은 사람인데, 나는 상처를 받았다. 그럼 혹시 내가 옹졸한 게 아닐까? 판단과 감정이 상충되는 상황에서 혼자 고민하고 괴로워하는 사태가 발생하는 것이다. 이렇게 이성과 감정이 충돌하는 상황을 심리학 용어로는 '내적갈등internal conflict'이라 하는데, 모든 심리학 교과서에서 이 내적갈등을 불행의 씨앗으로 지목하고 있다.

쓸데없이 판단하지 않는 것, 그것이 행복의 지름길이다. 그러기 위해서 쓸데없는 형용사는 사용하지 말자. 생각이든 감정이든 서술형으로 표현하는 것이 좋다. 보편적 사실인 양 자신을 감추는 것은 당장에 편할지 몰라도 종국에는 더 큰 불행을 가져온다.

형용사를 이용한 '판단형 문장'의 재미있는 사례가 하나 있다.

한 학생이 점심시간마다 친구가 말하는 메뉴대로 따라가는 것이 은근히 스트레스라며, 이제는 자신의 감정에 솔직하고 싶다고 했다. '솔직함은 언제나 옳다'는 주장을 설파하는 나로서는 당연히 학생을 응원했고, "솔직하게 얘기한다고 친구가 기분 상하지 않을 것이다"며 힘을 실어줬다. 그런데 다음 시간에 학생이 울상이 돼서 나타났다. 솔직하게 감정을 얘기했는데 친구가 화를 냈다는 것이다. 나는 당황한 마음을 숨기고 애써 침착한 척 물었다. "정확히 어떻게 말했나요?" 학생의 대답은 이랬다.

"친구가 냉면을 먹으러 가자고 했는데 저는 좀 싫었거든요. 직접적으로 말하면 기분 나쁠까봐 최대한 예의 바르게 말했어요. '오늘 날씨가 쌀쌀해서 냉면은 좀 아닌 것 같아.' 이렇게 말했더니 무슨 말을 그렇게 하냐며 짜증을 내더라고요."

그제야 문제의 원인을 파악할 수 있었다. 학생은 자신의 감정을 표현한 게 아니라 친구의 의견을 판단한 것이다. 학생의 말은 결국 '(냉면을 먹자는 너의 말은) 날씨에 맞지 않는 잘못된 선택'이라는 판단형 문장이다. "오늘은 냉면이 좀 안 당기네"라고 말했으면 될 것을, 예의 바르게 말한다는 것이 오히려 상대의 화를 돋운 것이다.

우리가 일상적으로 사용하는 말 중에는 이렇게 '숨은 형용사형'이 많다. 드러나는 형용사든 숨은 형용사든, 판단형 문장은 삼가는 것이 좋다. 판단하지 말고 감정을 솔직하게 표현하는 것, 그것이 타인과의 관계를 부드럽게 만들고 내 마음까지 편안하게 하는 긍정적 말하기의 시작이다.

3단계 : 감정 표현 훈련, 판단하지 말고 느껴라

●

판단을 배제하고 감정 표현하기, 이것이 2단계 언어습관 교정의 핵심이다. '판단형 말투'를 버리면 숨어 있던 감정이 자연스레 드러나기에, 사실상 완벽주의 치료는 2단계까지로 충분하다. 그래서 3단계는 감정을 좀 더 적극적으로 표현하고 싶은 분들을 위한 '심화학습' 성격을 띤다. 1, 2단계 치료를 천천히 적용해보고 싶은 분들은 3단계를 읽지 말고 잠시 미뤄두는 것도 좋다.

앞서 많은 현대인들이 '감정 불감증'을 앓고 있음을 지적한 바 있다. 감정을 절제하고 억압하다 보니 아예 느끼지 못하게 되는 것, 그래서 자기감정을 자기가 모르는 이상한 상황이 바로 감정 불감증이다. 감정의 빈자리를 논리와 가치판단이 차지하면서 생겨난 독특한 말투가 '완벽주의 화법'임을 고려하면, 완벽주의 극복에 있어 적극적인 감정 표현이 갖는 중요성을 쉽게 짐작할 수 있다.

감정은 자연스럽게 드러나도록 놔두는 것이 가장 좋지만, 나처럼 성격 급한 한국인들을 위한 몇 가지 속성 비법이 있다. 여기서는 대표적인 방법 두 가지를 소개하려 하는데, 평소 일상적인 대화에서 이 방법을 적용한다면 훨씬 활기차고 생동감 있는 언어생활이 가능할 것이다.

'I sentence', 감정의 주체를 명확히 하라

우리말과 영어에는 여러 가지 차이점이 있는데, 대표적인 것 중 하나가 우리말에는 주어가 생략되는 경우가 많다는 점이다. 우리가 일상적으로 사용하는 감정 표현에는 대부분 '감정의 주체'가 생략되어 있다. 예를 들어, "그 영화 참 좋더라", "차는 역시 세단이 편해" 같은 문장에는 주어인 '나'가 생략되어 있다. 영어로 바꿔보면 그 의미가 더욱 분명해지는데, "I really like that movie.", "I feel comfortable when riding sedans." 같은 문장들은 아무리 빨리 말해도 'I'가 생략되지 않는다.

우리말이 영어보다 열등하다는 사대주의는 결코 아니다. 문화에는 '다름'만 있을 뿐 '틀림'은 없다. 다만 그 차이를 분석하는 일은 분명 의미가 있다. 각각의 장단점이 있지만, 영어가 우리말보다 감정 표현에 조금 더 특화돼 있는 것은 분명하다. 실제로도 영어권 사람들이 우리보다 감정을 더 많이 표현한다는 것은 익히 알려진 사실이다. 감정을 많이 표현하다 보니 '감정적 언어'가 된 건지, '감정적 언어'를 쓰다 보니 감정을 많이 표현하게 된 건지는 나 역시 잘 모르겠다. '닭이 먼저냐 달걀이 먼저냐'처럼 결론 내기 어려운 문제지만, 후자 쪽도 꽤 타당성 있는 가설이라 생각한다.

결론적으로, '감정형 언어'를 쓰다 보면 감정이 풍부한 사람이 될 수 있다는 것이 내 주장이다. 그래서 나는 감정을 표현하는 말, 나아가 일상의 모든 언어에서 주어를 분명히 할 것을 권한다. 다시 말해, 모든 문장을 '나'로 시작하라는 것이다. "걔 참 괜찮은 애야"보다는 "나는 걔가 참 괜찮더라", "여름에는 역시 공포영화지"보다는 "나는 여름에는 공포영화가 좋더라"라고 말하라. 작은 차이 같지만 감정의 주체를 명시하는 것이 훨씬 친근감 있고 매력적인 언어다. 주어를 생략한 문장에는 '나'를 드러내지 않으려는 심리가 은근히 감춰져 있다. 판단을 앞세워 나를 보호하려는 의도인데, 결국 이런 언어습관이 감정을 메마르게 한다.

사실 'I message', 우리말로 '나 대화법'은 이미 오래전부터 심리학이나 커뮤니케이션 전문가들이 강조해왔던 대화 기법이다. 자신의 감정을 적극적으로 표현함으로써 서로를 잘 이해하고, 갈등 상황에서 상대방의 감정선을 건드리지 않고 대화를 이어나갈 수 있다는 것이다. 이 'I message' 대화법 중에서 '모든 문장을 나로 시작'하는 기술적인 부분을 강조한 것이 내가 실제 학생상담에서 애용하는 'I sentence' 화법이라 이해하면 된다.

학생들과 이 화법을 연습하면서, 문득 말을 배우기 시작한 아이들은 어떤 말투를 사용하는지 궁금해졌다. 직업병을 버리지 못하고 집에서 딸이 하는 말을 유심히 관찰한 결과, 아이는 절대 주어를 생략하지 않음을 알게 됐다. "여름이는 언니가 좋아", "여름이는 어린이집 가기 싫어", 아이는 절대 "언니는 좋은 사람이야"나 "오늘은 어린이집에 가지 않는 게 좋을 것 같아"라고 말하지 않았다.

많은 사람들이 행복을 어린아이의 모습에서 찾는다. 나 역시 과자 하나에도 세상을 얻은 것처럼 행복해하는 아이를 볼 때면 행복의 의미에 대해 다시 생각하게 된다. 행복은 아이처럼 생각하고 말하는 사람에게 선물처럼 찾아온다. 아이처럼 사랑스런 말투를 갖자. 그러기 위해 모든 문장을 '나'로 시작하자. 감정의 주인을 분명히 할 때, 그 감정이 온전히 내 것이 되는 마법을 경험할 것이다.

'진짜 감정'을 표현하라

감정이면 다 감정이지, 진짜 감정과 가짜 감정이 있다는 말인가? 놀랍게도 그렇다. 당신이 감정이라 생각하는 것 중에는 엄밀한 의미에서 감정이 아닌 것이 많다.

진짜와 가짜라는 표현이 조금 극단적일 수 있는데, 심리학에서는 이를 '1차 감정'과 '2차 감정'이라 부른다. 1차 감정이 외부 자극에 대한 즉각적인 반응이라면, 2차 감정은 개인의 주관과 판단이 들어간 일종의 가공된 감정이다. 예를 들어, 무서운 놀이기구를 탈 때 느끼는 공포는 1차 감정이지만, 문득 '왜 내 돈 내고 이런 짓을 하고 있지?'란 생각에 화가 치밀어 오른다면 이때의 분노는 2차 감정이다. 다시 말해 '상황 → 감정'이라는 도식에서 '상황 → 판단 → 감정'의 형태로 판단이 개입한 것이 2차 감정인 것이다.

상습적인 판단이 완벽주의자의 특징이라는 점에서 그들이 표현하는 감정은 2차 감정일 때가 많다. 이를 테면, "걔 그런 행동은 좀 실망스러웠어요" 같은 표현을 종종 듣는데, 여기서 '실망스럽다'는 전형적인 2차 감정이다. 왜냐하면 그것이 '사회적 규범이나 가치에 어긋나는 행동'이라는 판단이 개입돼 있기 때문이다. 차라리 "저는 걔 그런 행동이 좀 싫었어요"라고 말하는 것이 낫다.

'진솔한 감정'을 표현하기 위해서는 1차 감정을 표현해야 한다. 그런데 문제는 누가 지적해주지 않는 이상 스스로 자신의 감정이 1차인지 2차인지 분별하기가 어렵다는 데 있다. 특히 판단이 습관화된 완벽주의자의 경우, 생生감정과 가공감정의 경계가 모호하다.

나는 항상 학생들에게 '날것의 감정'을 표현하길 요구한다. 그러나 그것이 너무 어려움을 알기에 조금 쉽게 할 수 있는 테크닉도 알려준다. 바로 '기본감정basic emotions'을 이용하는 것이다. 기본감정이란 말 그대로 인간의 가장 기본적인 감정을 지칭하며, 앞서 소개한 1차 감정과는 비슷하면서도 다른 개념이다. 많은 심리학자들이 인간의 기본감정을 연구했는데, 그 범위가 학자마다 상이하여 아직도 논쟁이 치열하다.

가장 널리 인정받는 이론은 폴 에크만Paul Ekman의 6가지 기본감정인데, 여기에는 분노, 역겨움, 두려움, 행복, 슬픔, 놀람이 있다. 그런데 실생활의 모든 감정을 이 여섯 단어로 표현하기는 조금 어렵기 때문에, 나는 리처드 라자루스Richard Lazarus가 주장한 15가지 기본감정을 사용한다. 다시 말해, 감정을 표현할 때 되도록 아래 단어 중 하나를 사용하도록 권고하는 것이다.

행복하다(즐겁다), 기대된다(희망차다), 고맙다, 사랑한다(좋아한다), 자랑스럽다(뿌듯하다), 안심이 된다, 책임감(죄책감)을 느낀다, 부럽다, 질투난다, 화난다, 불안하다, 불쌍하다, 슬프다, 부끄럽다(창피하다), 무섭다(섬뜩하다)

이 단어들로 모든 감정을 표현할 수 있다는 뜻은 아니다. 단지 '날것의 감정'을 표현하기 위해 가능하면 이 단어들을 사용하라는 것이다. 예를 들어 '존경스럽다'는 말을 많이 쓰는데, 이것은 감정인지 생각인지가 조금 불분명하다. 자세히 뜯어보면, 이 표현은 '사회적으로 존경받을 만한 행동'이란 판단이 들어간 가공감정에 가깝다. 원原감정은 맥락에 따라 다를 수 있지만, 어쨌든 '좋다' 혹은 '부럽다'고 말하는 것이 좀 더 진짜 감정에 가깝다.

'존경스럽다'와 '부럽다'의 차이처럼 진짜 감정을 표현하는 것은 때로 창피하고 자존심 상하는 일이다. 남에게 속살을 보여주는 느낌이지만 이런 것을 두려워해서는 '아이 같은' 행복을 누릴 수 없다. 그러니 진짜 자신의 감정을 표현하라. 당신의 삶이 한층 더 풍요로워짐을 느낄 것이다.

부모님을 위한
제언

모든 질병은 치료보다 예방이 중요하다. 병이 생긴 다음 고치는 것은 차선이요, 생기기 전에 막는 것이 최선이기 때문이다. 한번 생긴 완벽주의를 고치기란 여간 어렵지 않다. 그래서 학생들을 상담할 때마다 '이 학생의 어린 시절이 조금만 달랐더라면' 혹은 '지금이라도 부모님이 오셔서 함께 치료를 받는다면 얼마나 좋을까' 혼자 생각하곤 한다.

완벽주의 예방에는 부모님의 역할이 결정적이다. 그다음이 교사와 사회 순인데 어쨌든 부모의 역할을 대신할 순 없다. 나는 이 책이 완벽주의로 고통받는 대한민국 젊은이들과 어린 학생들에게 읽히기를 원하지만, 그에 못지않게 부모님들도 꼭 한번 읽어보셨으면 한다.

내가 주제넘게 '좋은 부모 되는 법'에 대해 일장연설을 늘어놓고 싶은 것은 아니다. 나 역시 많은 시행착오를 겪는 중이다. 그러나 오랫동안 학생들을 상담하며 느꼈던 '부모님들이 조금만 다른 생각을 가지면 얼마나 좋을까?' 하는 아쉬움을 여기서 털어내려 한다.

한 가지만 단언하면, 자녀의 완벽주의를 예방하는 가장 확실한 방법은 나의 완벽주의를 치료하는 것이다. 내가 세상을 바라보는 눈을 바꿀 때 자녀의 미래도 달라진다. 나 역시 오랫동안 갖고 있던 완벽주의를 버리기로 결심한 것은 아이가 커나가는 모습을 보면서부터다. 자식이 나보다 '성공'하길 바라기보다는 나보다 더 '행복'하길 바라는 마음에서 나도 학생들과 같이 열심히 완벽주의를 치료하고 있다.

현재 부모가 아니더라도, 지금 완벽주의로 고통받는 학생들도 언젠가는 부모가 된다. 나는 학생들에게 "지금 고치지 않으면 이 강박은 대물림될 것이다"라고 말한다. 그래서 이 책의 마무리는 '자녀를 완벽주의자로 만들지 않는 법'에 대한 몇 가지 제언으로 채우고자 한다.

칭찬 잘하는 법

———

완벽주의자들이 완벽에 집착하는 이유는 '인정받고 싶은 욕구' 때문이다. 다른 말로 하면 '부모에게 칭찬받고 싶어서'인데, 실제로 영재들이 등장하는 TV 프로그램을 보면 "왜 그렇게 열심히 하나요?"란 질문에 "엄마(아빠)가 기뻐하는 모습을 보고 싶어서"라고 대답하는 아이들이 많다.

아이의 성격 형성에는 부모의 칭찬이 절대적인 영향을 미친다. 요즘 화두인 '자존감' 역시 양질의 칭찬을 충분히 받았을 때 형성되는 것이 보통이다. 칭찬은 양과 질 모두 중요하다. 칭찬을 많이 해주는 것은 의지만 있다면 가능한데, 칭찬을 '잘' 하는 것은 참 어려운 일이다. 어쩌면 좋은 칭찬을 해줄 수 있는 능력이 좋은 부모 되기의 핵심일지도 모른다.

교육심리에 관심 있는 부모님이라면 '능력에 대한 칭찬'과 '노력에 대한 칭찬'에 대해 익히 알고 있을 것이다. TV에 자주 언급되는 교육 이야기 중에 이런 것이 있다.

스탠퍼드대학 심리학과 캐롤 드웩**Carol Dweck** 교수의 유명한 실험이 있다. 초등학교 5학년을 대상으로, 상당히 쉬운 문제로 구성된 시험지를 풀게 한 후 칭찬 한마디와 함께 돌려주었다. 이

때 절반에게는 "넌 참 똑똑하구나!"라고 말하고 나머지 절반에게는 "너 참 열심히 했구나!"라고 말했다. 그리고 다음 번에는 어려운 시험지와 쉬운 시험지 둘 중에서 아이들이 직접 선택할 수 있게 했다. 그런데 능력에 대해 칭찬받은 아이들 대부분이 쉬운 시험지를 택한 반면, 노력에 대해 칭찬받은 아이들은 90%가 어려운 시험지를 택했다. 지능에 대해 칭찬받은 학생들은 선생님을 실망시키고 싶지 않아 쉬운 길을 택했지만, 노력에 대해 칭찬받은 아이들은 어려운 문제에 겁먹지 않고 도전한 것이다. 이 결과를 바탕으로 캐롤 드웩 교수는 노력을 칭찬받은 아이들이 도전 정신을 가지고 더 발전해나갈 가능성이 크다고 말했다.

어떤가? 매우 일리 있는 이야기다. 실제로 의대생 중에는 어린 시절부터 '노력에 대한 칭찬'을 받은 학생들이 많다. 그런데 여기에는 한 가지 맹점이 있다. 대부분의 동화가 그렇듯 '행복하게 살았습니다' 이후의 이야기가 생략돼 있는 것이다. 노력에 대해 칭찬받은 학생들은 어려운 시험지를 골랐다. 그리고 도전했다. 여기까진 해피엔딩이다. 그런데 만약, 어려운 시험지에서 형편없는 점수를 받는다면 어떨까? 학생들은 실패를 잘 감당해냈을까?

노력에 대한 칭찬이 위험한 이유는 '실패에 대한 내성'을 형성하지 못한다는 데 있다. 항상 노력한 만큼 결실을 맺는다면 더할 나위 없이 좋겠지만, 그러지 못했을 때는 큰 부작용이 발생한다. "노력했기에 좋은 결과를 얻었다"는 말을 뒤집어보면, "좋지 못한 결과는 노력이 부족한 탓"이기 때문이다.

이제 부모님들에게 질문하고 싶다. 정말 세상에 노력하면 안되는 건 없다고 생각하십니까?

세상에는 노력해도 안 되는 것이 있다. 대단한 현자가 아니어도 누구나 익히 아는 사실이다. 그런데도 많은 부모님들이 자녀의 노력을 칭찬하며 '거짓 믿음'을 심어주고 있다.

학생들의 속마음을 들여다보는 일을 하는 나는 이런 칭찬의 부작용을 날마다 경험한다. 대부분의 학생들은 작은 실패도 견디질 못한다. 내성이 전혀 형성돼 있지 않기에 가벼운 감기에도 며칠을 앓아눕는다. 성적이 조금만 떨어져도, 누가 날 조금만 싫어해도, 자신의 존재 자체를 부정당한 사람처럼 몸부림을 친다. 이런 학생들이 입버릇처럼 하는 말이 있다. "노력이 부족한 탓이죠." 노력에 대한 칭찬을 받고 자라왔기에 문제가 생기면 노력탓을 하는 것은 당연한 결과다.

그래서 나는 '능력'이나 '노력'에 대한 칭찬이 아닌 제3의 길을 제시하려 한다. 바로 감정에 '공감'해주는 것이다. 100점을 받아온 아이에게 "정말 똑똑하구나!" 혹은 "열심히 노력했구나!"라고 칭찬하기 전에 아이의 감정을 물어봐주는 것이다. 먼저 "100

점 받아서 기분이 어땠어?"라고 묻고 아이가 "선생님이랑 친구들이 박수쳐줘서 정말 행복했어요"라고 말하면, 그때 "네가 행복했다니 엄마(아빠)도 정말 기뻐"라고 말한다. 다시 말해, 부모가 기쁜 이유가 네가 100점을 맞았기 때문이 아니라 네가 행복하기 때문임을 분명히 하는 것이다. 이런 칭찬을 받은 아이는 부모를 기쁘게 만들기 위해서가 아니라, 스스로의 행복을 위해 노력하게 된다.

물론 이런 칭찬을 하려면 상당한 인내심이 요구된다. 100점짜리 시험지 앞에 솟구치는 기쁨을 잠시 억누르고 아이의 감정을 물어봐줘야 하는 것도 그렇고, 또 아이의 감정이 내 예상과 다를 경우에는 또다시 대화를 풀어나가야 하기 때문이다. 그럼에도 이런 노력은 그만한 가치가 있다. 감정에 공감받은 학생들은 덮어놓고 노력하기보다 자신이 정말 좋아하는 것, 정말 이루고 싶은 목표를 찾으려 하기 때문이다. 그럼 어떤 부모님들은 이렇게 우려한다. "그러다가 공부 말고 애먼 게 좋다고 하면 어떡해요?" 물론 그럴 가능성도 있다. 그러나 그 정도 위험은 감수해야 좋은 부모가 될 수 있다. 아이는 어떻게든 자기 길을 찾게 돼 있다. 아이가 재미와 성취감을 느끼는 것이 공부가 아니라면, 꼭 공부를 고집할 필요는 없다.

완벽주의 학생들이 대학에서 힘들어하는 가장 큰 이유는 '자기주도 학습능력'이 부족하기 때문이다. 현대 고등교육에서 가장 중요시되는 것이 바로 '자기주도 학습능력'인데, 고등학교 때까지 강박적으로 공부했던 학생들은 이 능력이 매우 부족하다. 그래서 "우리 아이가 대학 들어와서 공부에 흥미를 잃은 것 같아요"라고 하소연하는 부모님들이 자꾸만 찾아오시는 것이다.

결론적으로, 어린 자녀를 둔 부모님들에게 '칭찬'보단 '공감'을 해주실 것을 권한다. 그럼 아이는 스스로 잠재력을 개발할 수 있는 학생으로 성장할 것이다. 우리나라 교육제도가 많이 왜곡돼 있긴 하지만, 그래도 '부모가 쪼아야 최상위권이 될 수 있다'는 믿음은 사실이 아니다. 강박적으로 공부한 학생은 언젠간 좌절한다. 그것이 중학교나 고등학교 때일지, 아니면 대학생이나 사회인이 돼서일지는 아무도 모른다. 나를 찾아오는 학생이나 부모님들은 "그래도 그렇게 악착같이 공부했으니 여기 왔죠"라고 이야기하지만, 나는 다르게 대답한다. "좀 더 편한 마음으로 공부했다면 하버드 의대도 갔을 학생입니다."

'실패할 수 있는 자유'를 주자

—

"저희 엄마는 제 일거수일투족을 감시하세요. 저는 뭘 할 때마다 엄마한테 보고 또는 허락을 받아야 해요. 얼마 전에 이가 아파서 치과에 다녀왔는데 엄마랑 통화하면서 얘기하니까, 왜 엄마한테 얘기 안 했냐고, 자기가 아는 데 있어서 거기 예약하면 되는데 왜 말 안 했냐고 엄청 뭐라 하시는 거예요. 그런 일이 너무 잦으니 이젠 엄마한테 전화 오면 받기가 싫어요."

야무진 이미지의 여학생이 털어놓은 고민이다. 상담을 하다 보면 이런 부모님들이 굉장히 많다. 대학생이란 게 믿겨지지 않을 정도로 많은 학생들이 부모님의 강력한 그늘 아래 있다. 물론 부모 눈에 자식은 항상 아기 같고, 또 의대까지 간 자식이 '공부하느라 바쁜데 다른 일에 스트레스 받지 않았으면' 하는 부모님의 마음을 모르는 바는 아니다. 그러나 부모님 입장에서는 분명 관심과 배려겠지만, 학생들은 간섭이라 느낀다.

이런 간섭에는 '자식이 시행착오를 겪지 않았으면' 하는 부모님의 바람이 담겨 있다. 좋은 의도긴 하지만 결과는 좋지 않다. 인간은 실패를 하지 않아야 행복한 것이 아니라, 자신이 하고 싶은 것을 해야 행복하다. 그렇기에 '시행착오'란 젊은이들의 특권과 같다. 아무리 부모라도 이 권리를 뺏을 수는 없다. 어머니가 추천하는 치과에 가면 결과가 더 좋을 수도 있겠으나, 스스로 골라 가면 안 될 것은 또 무언가? 과잉진료나 바가지를 걱정하는 어머니 마음은 이해하지만, 과잉진료를 받은들 생니를 뽑기야 하겠으며 바가지를 쓴들 전 재산을 날리기야 하겠는가.

스스로 선택하고 실패해보는 것만큼 값진 경험은 없다. 자녀에게 '시행착오를 겪을 자유'를 줘야 한다. 나는 어린 시절부터 제일 듣기 싫었던 말이 "내가 해봐서 아니까, 너 잘되라고 그러는 거야."였다. 다행히 우리 부모님은 이런 말씀은 잘 하지 않으셨지만, 선생님이나 선배, 동네 어른 등등 프로 참견러는 도처에 있었다. 그럴 때마다 나는 '너는 해봤으면서 왜 나는 못 하게 하지?'란 말이 목구멍까지 차올랐지만, 혹시 모를 불안감에 참았다.

많은 학생들이 부모님으로 대변되는 '어른들의 참견'에 힘들어 한다. 내가 만난 아이들 중에는 부모님 곁을 떠나 자취하는 학생들이 많은데, 도리어 부모님과 함께 사는 학생들보다 더 심한 간섭을 받는 경우가 많다. 하루에도 몇 번씩 전화가 걸려오는 것은 기본이고, 자취방에 유선전화를 설치해 귀가시간을 확인하는 경우도 있다. 궁금한 마음이야 굴뚝같겠지만 부모의 관심이 자녀에게는 부담일 수 있다. 물어볼 것이 있으면 어련히 전화할 테니, 부모님이 먼저 전화해서 이것저것 물어보는 것은 자제하시길 권한다. 물론 먼 곳에 있으니 통화를 자주할 수는 있다. 그럴 때는 일상을 취조하기보다 맛있는 음식, 재밌는 영화 같은 이야기를 하며 서로 웃을 수 있었으면 한다.

군이 의논할 일이 있다면 말하는 방식에 주의해야 한다. 상담실을 찾는 많은 학생들이 "엄마(아빠)랑은 말만 하면 싸우게 돼요"라는 고민을 털어놓는데, 이건 부모님도 마찬가지일 것이다. 사랑하고 아끼는 마음에도 불구하고 대화만 하면 싸우게 된다는 것은 100% 대화방식의 문제다. 대부분의 경우 '판단형 말투'가 문제가 된다. 상대를 이해하려는 의지가 있음에도 불구하고 말투 때문에 평가하고 단정 짓는 것으로 들리는 것이다. 그래서 나는 우리나라 모든 부모님들이 자녀와의 대화를 위해 앞서 소개한 '감정형 말투'를 공부하셨으면 한다. 언어습관 교정은 강박 증상에만 효과가 있는 것이 아니다. 가족, 친구, 연인 간에 불필요한 오해를 없애고 서로의 사랑을 확인하는 데 '감정형 말투'만큼 효과적인 것이 없다.

사람들이 정신과 의사에게 갖는 환상 때문인지 몰라도, 예전부터 결혼도 안 한 나에게 '좋은 부모 되기'에 대해 묻는 분들이 많았다. 그럴 때면 나는 이렇게 답했다.

"저도 아직 공부가 부족해서 잘 모르겠습니다. 좋은 부모 되기를 고민하신다는 것 자체로 이미 좋은 부모님인 것 같은데, 그래도 제 의견을 말씀드리면 좋은 양육이란 넓은 초원에 큰 울타리를 치고 그 안에서 맘껏 뛰놀게 해주는 게 아닐까 싶습니다. 많은 부모님들이 좋은 풀, 나쁜 풀을 구분해서 좁은 울타리를 친 후 그 안에만 있을 것을 강요하는데, 그것 때문에 힘들어하는 아이들을 많이 봅니다. 절대 가면 안 되는 곳, 강이나 절벽 같은 곳에만 울타리를 치고 그 안에서는 조금 넘어지고 실수하더라도 그냥 내버려두는 것, 그것이 좋은 양육 같습니다."

그때는 쉽게 말했지만 부모가 되고 보니 그것이 얼마나 어려운지 알 것 같다. 좋은 땅을 골라주고 싶은 게 부모 마음인지라 점점 울타리를 좁히게 되는데, 자칫 잘못하면 평생 한 뼘짜리 공간에서 영양제를 맞으며 살아가는 닭이 될 수도 있다. 그래서 지금 대한민국에는 '부족한 건 없지만 행복하지 않은' 젊은이들이 많다. 물론 우리 사회에는 실패에 대한 안전망이 현저히 부족하기 때문에 부모의 간섭을 지나친 욕심 탓으로만 돌리긴 어렵다. 그럼에도 불구하고 자녀의 행복을 위해 나의 불안감을 극복해야 한다. 좋고 나쁨을 내가 판단하지 않고 아이에게 선택하게 하는 것, 그것이 요즘 내가 가장 치열하게 연습하는 '좋은 부모 되는 법'이다.

우리는 모두 누군가의 정답이고 싶다. 그게 자식이든 후배든 아니면 동네 꼬마라도, 내가 걸어온 길이 옳다는 것을 누군가에게 보여주고 싶은 것이 인간의 욕망이다. 그러나 그 욕망을 내려

놓아야만 좋은 어른이 될 수 있다. 어른의 역할은 아이에게 정답을 제시하기보다 아이 스스로 답을 찾을 수 있도록 기다려주는 데 있기 때문이다.

미국의 철학자 겸 작가 헨리 데이비드 소로Henry David Thoreau 의 《월든》은 그가 월든 호숫가에 오두막을 짓고 2년 2개월 동안 홀로 산 체험을 기록한 책으로 삶, 행복, 실존에 대한 깊은 통찰을 보여준다. 이 책에는 흥미로운 구절이 하나 있다. 호숫가에 홀로 사는 소로에게 한 젊은이가 찾아와 "당신처럼 살고 싶다"고 말하는 장면인데, 소로는 "나는 결코 누구도 내 생활방식을 받아들이기를 원치 않는다"며 젊은이를 돌려보낸다.

여기 소로가 젊은이의 정답이 되길 거부한 이유를 밝힌 구절을 소개하며 이 챕터를 마무리하려 한다. '정답인생'만을 쫓는 대한민국 학생들과 부모님들, 그리고 우리 모두가 한번쯤 음미해봤으면 하는 글이다.

세상에 있는 수많은 사람들은 제각기 서로 다르다.

나는 그들 하나하나가 자신의 부모나 이웃의 생활방식이 아니라

자기만의 생활방식을 신중하게 찾아서 추구하기를 바란다.

젊은이는 건축가도 농부도 선원도 될 수 있다.

다만 그가 하고 싶다는 일을 하지 못하도록 막는 일만은 없도록 하자.

선원이나 도망 중인 노예가 북극성을 지표로 삼듯이

우리는 정확한 한 점을 지표로 삼을 때만 현명해질 수 있다.

그리고 그것만으로도 평생의 길잡이로 삼기에 충분하다.

그것만 있다면 예정된 시일 안에 목표로 삼은 항구에 도착하지 못할지는 몰라도

올바른 항로를 유지할 수는 있을 것이다.

- 헨리 데이비드 소로 《월든》 중에서

학생들의 사례로 꾸며졌지만 이 책은 사실 나의 이야기다. 본업인 연구보다 부업인 학생상담에 더 열정을 쏟게 된 것도, 어쩌면 그들에게서 내 어린 시절 모습을 발견했기 때문일지 모른다. 그래서 이 책은 심리분석서, 교육비평서인 동시에 자전적 에세이다.

이 책을 쓴 기간이 나에게는 가장 강력한 치유의 시간이었다. 머릿속을 맴돌던 생각의 실타래를 하나씩 풀어가며, 무엇이 될지 모를 작품을 만드는 과정이 무엇보다 즐겁게 느껴졌다. 아내에게도 "책을 쓰니까 쓸데없는 고민이 없어져서 좋다"고 말했을 정도다. 책 내용보다 책을 쓰는 행위 자체에서 치유를 얻었다는 점은 의미심장한데, 결국 독자들도 이 책을 읽으며 치열하게 고민하는 것보다 자신이 즐길 수 있는 일을 찾는 것이 완벽주의 극복에 더 효과적이라는 의미다. 이 책은 단지, 이것저것 해봤지만 딱히 잘하는 건 없는 어느 완벽주의자의 궁핍한 자서전일 뿐이다.

책을 마무리하는 지금, 나는 완벽주의 극복을 위한 가장 좋은 방법이 '소확행'이라 말하고 싶다. 자신에게 행복을 주는 일을 찾는 것, 그래서 완벽하지 않아도 꽤 괜찮은 인생이라 느끼는 것이야말로 완벽주의 치료의 끝판왕이다.

사회는 점점 젊은이들을 강박으로 내몬다. 얼마 전 좋아하는 웹툰을 보다 눈에 들어온 대사가 있다. "백번 잘해도 한 번 못하면 끝인 게 사회생활이야." 지금 우리 사회에는 패자부활전이 없다. 그래서 모든 이들이 '여기서 밀리면 끝장이다'는 생각으로 하루하루를 살아간다.

이 책은 완벽주의의 개인적 측면을 강조했지만 사실 완벽주의는 우리 사회의 병이다. 그렇기에 병에 걸린 개인을 비난하기보단 모두가 책임을 나눠지고 완벽주의 극복을 위해 노력해야 한다. 나는 우리 사회가 "한번쯤 실수해도 괜찮아"라고 말해주는 곳이었으면 한다. 그래서 내가 일하는 상담실에도 더 이상 "저는 문제투성이예요"라며 찾아오는 학생들이 없었으면 한다. 환자가 없어지면 의사는 실업자가 되겠지만, 세상에 그만큼 행복한 실업자도 없기 때문이다.

이 책의 주인공이 되어준 학생들에게 다시 한 번 감사드리며, 책이 나오기까지 물심양면 지원해주신 윤을식 대표님을 포함한 지식프레임 식구들께 심심한 감사의 인사를 드린다. 끝으로 글에 대한 조언을 아끼지 않은 최고의 아내이자 동료 이다혜와 우리의 보물, 딸 서현이에게 사랑과 감사를 전한다.

「이 도서의 국립중앙도서관 출판예정도서목록(CIP)은
서지정보유통지원시스템 홈페이지(http://seoji.nl.go.kr)와
국가자료공동목록시스템 (http://www.nl.go.kr/kolisnet)에서 이용하실 수 있습니다.
(CIP제어번호: CIP2018032062)」

어린 완벽주의자들

1쇄 발행 2018년 11월 5일
3쇄 발행 2022년 9월 20일

지은이 장형주

발행인 윤을식
펴낸곳 도서출판 지식프레임
출판등록 2008년 1월 4일 제2020-000053호
주소 서울시 동대문구 청계천로 505, 206호
전화 (02)521-3172 | **팩스** (02)6007-1835

이메일 editor@jisikframe.com
홈페이지 http://www.jisikframe.com

ISBN 978-89-94655-68-0 (03370)